KB253127

공간 대여로
평생 월급
만들어라

공간 대여로
평생 월급
만들어라

공간 대여로
평생 월급 만들어라

초판 1쇄 펴냄   2026년 3월 5일

지은이   재재신
펴낸이   김경섭
펴낸곳   도서출판 삼인
전화   (02) 322-1845
팩스   (02) 322-1846
이메일   saminbooks@naver.com
등록   1996년 9월 16일 제25100-2012-000045호
주소   (03716) 서울시 서대문구 성산로 312 북산빌딩 1층

ISBN   978-89-6436-294-5 03320

음악 연습실부터 댄스 연습실,
셀프 녹음실, 파티 룸까지 무인 창업의 모든 것

공간 대여로 평생 월급 만들어라

재재신 지음

삼인

현재를 즐기면서
돈을 버는 현실적인 방법

직장생활을 시작한 지 5년이 채 되지 않았던 시점으로 기억한다. 이제는 다소 진부한 표현일지 모르겠지만 '경제적 자유'라는 갈망에 대해 진지하게 생각해 보게 됐다.

특별한 계기가 있지는 않았다. 그저 어느 날인가 떠올려 본 10년 후, 20년 후의 예측되는 장래가 암담했기 때문이었다.

경제적 자유에 가까워지려면 우선 매일 출퇴근하지 않고도 한 달에 500~1,000만 원 정도의 안정적인 현금 흐름이 나오는 파이프라인을 갖춰야 한다고 판단했다. 그렇지만 말이 쉽지 아무리 고민을 해봐도 특별한 능력이 없는 평범한 사회초년생이 빠르게 달성하는 방법이라곤 떠오르지 않았다. 구축하는 데 시간이 너무 오래 걸릴 법한 사업 시스템 또는 자산밖에 떠오르지 않았고, 따라서 실행 자체가 요원했다.

한편, 모든 업(業)이 고도화 과정에서 그렇듯 경쟁력을 갖추지 못한 무인점포도 빠르게 망해가고 있다. 더 이상 '돈 들고 턱하고 차려서'만으로는 장사가 잘되지 않는다.

예전과 달리 정보 유통이 빠르고 경쟁이 극심해진 현재, 돈이 되는 창업을 하기 위해선 업종을 불문하고 해당 아이템에 맞는 핵심 경쟁력을 유지해야 한다. 그러기 위해선 각 아이템을 잘 이해해야 하는 것뿐만 아니라 그곳에 돈을 쓰는 주요한 소비자는 누군지, 그들은 어떤 것을 원하는지, 또 공급자는 누군지, 신규 공급자가 접근하기 어려워하는 요소는 무엇인지 알아야 한다. 그러한 점에서 이 책이 든든한 가이드가 될 것이다.

사업 경험이 전무한 독자도 전혀 걱정하지 않아도 된다. 무인 점포와 관련한 부동산 계약을 한 번도 안 해봤어도 이 책을 읽으면 누구나 성공적으로 창업하고 또 안정적으로 운영할 수 있을 것이다.

필자의 경험만 갖고 무인 창업만이 정답이라고 얘기하고 싶진 않다. 그러나 개인적으로는 확신한다, '현재를 충분히 즐기면서 비교적 쉽게 돈을 벌 수 있는 가장 현실적인 방법', 더 나아가서 '고가의 자산을 매입할 기반을 마련하는 방법'이 바로 이 책에서 다룰 소자본 무인창업이라는 것을.

필자처럼 경제적 자유로 나아가고자 하는 분들께 이 책이 좋은 지침서가 되길 바란다.

　단기 임대, 파티 룸, 렌탈 스튜디오, 음악 연습실 등 다양한 공간 대여 사업 아이템을 '공간대여업'으로 표현하기도 하고 '공간임대업'이라고 부르기도 한다.

　해당 사업들은 대부분 신종 자유업종인 만큼 아직 용어, 표기에 대해 명확히 구분되어 있지 않고 각 현장, 시장에서 혼용되어 사용되고 있다. 가령 어떤 지역의 세무서에서는 건물이 자가가 아닌 상황에서는 '임대'라는 단어가 들어가는 게 적절하지 않다고 해 '공간 임대', '시설 임대'가 아닌 '공간 대여', '연습실 대여' 등으로 정정해서 사업자등록증을 내주고, 또 다른 지역의 세무서에서는 '공간 임대', '음악실 임대'로 발급해주기도 한다.

　필자 개인적으로는 '공간 임대'보다 '공간 대여'가 좀 더 적합한 표현이라고 생각한다. 그래서 이 책에서는 '공간 대여'로 표현을 통일했다.

　한 가지 더, 연습실을 크게 보면 월 단위 대여가 주요 상품인 연습실과 시간 단위 대여를 주로 하는 연습실(댄스 연습실 등)로 나뉘는데, 혼란을 방지하기 위해 전자는 '음악 연습실'로 표기했다. '음악 연습실'이라고 해서 꼭 음악하는 사람들만 사용하는 건 아니고 개인 방송, 연기 연습, 미술 작업, 취미 활동, 스터디 룸 등 다양한 용도로 이용되니 참고하기 바란다.

차례

1부

음악 연습실, 공간대여업의 블루오션

1장 음악 연습실 ① 음악 연습실이 가장 안정적인 무인 창업인 이유

2장 음악 연습실 ② 이미 이겨놓고 창업하는 방법

2부
음악 연습실과 유사하면서 돈이 되는 무인 창업

6장 댄스 연습실

7장 셀프 녹음실

8장 파티 룸

1부
음악 연습실, 공간대여업의 블루오션

1부는 이 책의 핵심 내용이다. 음악을 전공한 후 13년 이상 필자가 높은 수익률을 올리고 있는 (무인) 음악 연습실을 성공적으로 창업하고 안정적으로 영위하는 방법에 대해 다뤘다.

음악 연습실을 메인 소재로 다루고 있지만, 특정 창업 아이템에 대한 각 지역의 수급을 분석하는 방법, 임차인이 사업하기 좋은 건물을 고르는 방법, 임대차 계약 시 주의사항, 인테리어 팁, 건물주와의 소통 노하우, 권리금 거래 등 다른 창업에서도 그대로 적용되는 내용을 담았다. 업종을 불문하고 모든 예비 창업자에게 도움이 되리라 생각한다.

음악 연습실이
가장 안정적인 무인 창업인 이유

소자본으로 30% 이상의 수익률과 안정성 모두 챙긴다

'안정적인 현금 흐름'이라고 하면 가장 먼저 수익형 부동산이 떠오른다. 고정된 날짜에 정해진 월세가 입금되니 예측이 가능하고 특별히 계절을 타지도 않는다.

그런데 다소 치명적인 부분이 있다. 수익형 부동산은 특별한 경우 일부를 제외하고는 대부분 한 자릿수 수익률에 만족해야 해서 (일반 매매의 경우) 의미 있는 현금 흐름을 만들어 내기 위해서는 큰 자본이 필요하다는 점이다.

예를 들어, 한 달에 200만 원의 현금 흐름을 만들기 위해서 수익률 6%인 수익형 부동산을 매입한다면 4억 원의 시드 머니(Seed money)가 필요하다.

반면, 수익률 30~40%인 음악 연습실은 똑같은 현금 흐름을 확보하는 데 6,000~8,000만 원만 있으면 된다. 상대적으로 소자본으로도 해볼 만하다.

일반적으로 자본이 적을수록 '투자'의 개념보다는 '사업'의 개념으로 접근해야 답이 나온다. 그런데 사업이라고 하면 또 뭔가 거창하고 부담스러운 것이 문제일 수 있다. 이럴 때 무인점포가 좋은 옵션이 된다. 무인점포는 운영하기에 따라 수익형 부동산처럼 평소에 품을 거의 안 들이면서도 두 자릿수의 수익률을 만들어 낼 수 있다.

이제는 무인 전환이 이뤄지지 않은 아이템을 찾기가 어려울 정도로 많은 무인점포가 생겨나고 있다. 각자 생각했을 때 좋아 보이는 (무인 창업 관련) 아이템이 있겠지만 그중에서도 음악 연습실을 가장 추천한다.

필자는 음악 연습실 4개 지점을 운영하는 동시에 개업한 공인중개사로서 다양한 점포, 상가를 중개하고 있다. 그렇다 보니 자연스레 많은 사업 아이템들의 상황을 알고 있는데, 업종의 평균 수익률이나 장단점, 창업 비용, 양도 시 책정되는 권리금 등 여러 부분을 종합해 봤을 때 초보 창업자에게는 음악 연습실이 압도적으로 유리하다는 결론을 내렸다.

음악 연습실은 일단 운영이 편하다. 평균적으로 7~10일에 한 번 정도 들러서 공용부 청소를 해주면 딱히 더할 게 없어서 다른 무인 아이템, 공간 대여 사업 아이템보다 관리가 용이하다. 게다가 음악 연습실 외 여타 무인점포 대부분은 불특정 다수가 자유롭게 드나들기 때문에 여러 문제가 발생하지만 음악 연습실은 아무나 드나들지 않는다.

음악 연습실도 무인점포니까 365일, 24시간 불특정 다수가 출입할 수 있는 게 당연한 것 아니냐고 할 수 있지만, 같은 무인점포여도 음악 연습실, 파티 룸, 셀프 녹음실 등의 '예약제 (무인점포) 아이템'들은 특정된 인원만을 응대한다는 점에서 본질적인 차이가 있다. 대관이 시작될 때 사용 안내 및 주의사항을 전달하고 나면 이후 특이사항이 없는 한 신경을 쓸 일이 없다.

음악 연습실이 다른 예약제 아이템들과 또 한 번 차별되는 특장점은 시간 단위 대여가 아니라 월 단위 대여를 주로 하기에 한 번 손님을 받으면 오랫동안 체크인 및 체크아웃 세팅을 다시 할 일이 없다는 것이다.

월 단위 대여라고 해서 한 달 정도라고 생각할 수 있는데 그렇지 않다. 음악 연습실 사용자들 대부분은 장기 사용자다. 한 번 들어오면 6개월부터 12개월, 길면 24개월 이상 사용한다. 개인의 음악 장비, 가구, 악기(업라이트 피아노 또는 그랜드 피아노까지)를 다 갖고서 원룸 이사하듯이 입주하기 때문에 장기 고객이 훨씬 많다.

악기나 미디(MIDI)를 취미로 해봤거나 음악 연습실을 직접 써본 이들은 공감하겠지만 장소를 이동해서 악기와 장비 세팅을 다시 하는 건 정말이지 번거롭고 피하고 싶은 일이다. 다니던 헬

스장을 관두고 다른 헬스장으로 옮기는 수준이 아니라서 사용자들 입장에서는 '전환 비용'이 높다고 할 수 있겠다.

음악 연습실은 상대적으로 서비스 경쟁이 치열하지 않다. 유사한 공간대여업 중 하나인 공유 오피스는 우편물·소포 관리, 공용 설비 관리, 커뮤니티 기획 등의 부가 서비스에 대한 제공이 보편화되어 있고, 고시원의 경우에는 주거 서비스를 제공하는 공간인 만큼 비주거 시설보다 신경 써야 할 요소가 많고 사용자들의 요구사항, 클레임을 자주 처리해줘야 한다. 반면, 음악 연습실은 정형화된 부가 서비스의 개념이 없고, 주거가 메인인 아닌 만큼 수요자들이 공용 설비를 따지지도 않는다.

이러한 면이 음악 연습실 사업자 입장에서는 큰 메리트다. 실제로 서울 및 수도권에서 음악 연습실을 운영하는 사장님들을 인터뷰해 보면 사용자 중 30~40% 이상이 장기 고객이며 놀랍게도 그 사용 기간은 짧으면 2년, 길면 4~6년이다.

다시 정리해 보자면, 특정된 소수의 인원만 상대하다 보니 사업 운영상의 이슈가 적고, 다른 공간 대여 사업 아이템처럼 서비스 경쟁이 치열하지 않으며 장기 사용자가 많아 관리가 편해서 학생, 직장인, 프리랜서, 주부, 은퇴자 등 누구나 손쉽게 운영할 수 있는 창업 아이템이다.

물론 예상하지 못한 상황이 발생해 점포에 갈 때가 있기도 하다. 예를 들어, 갑자기 차단기가 내려가서 가봐야 할 수도 있고,

밤 중에 인터넷이 안 된다는 연락을 받을 수도 있다. 장마철에는 예측하지 못한 누수가 발생할 수도 있다.

그러나 이런 일들은 아주 드물게 일어난다. 10년 넘게 음악 연습실을 여러 곳 운영한 필자도 '그간 무슨 일이 있었더라?' 생각을 곱씹어야 겨우 떠오르는 정도다. 크게 걱정하지 않아도 된다는 얘기다.

음악 연습실 사업은 단점보다는 장점이 훨씬 많고, 비슷한 다른 공간 대여 사업 아이템들과 비교해봐도 관리 용이성 측면에서 압도적 우위에 있기 때문에 개인적으로 수익률 30% 이상 확보되는 무인 사업 아이템 중 최고라고 생각한다.

책을 집필하면서 신규로 창업한 음악 연습실의 창업 비용을 살펴보니 직접 공사비를 기준으로 대략 5,000만 원대의 시공비가 소요됐다(부가세 제외). 방음 공사(벽, 천장, 바닥 플로팅)에 2,000만 원, 마감 공사(흡음재, 타공판, 타일, 도장 등)에 1,000만 원, 배관 및 냉난방기 1,000만 원, 시스템 도어와 전기(조명 포함) 시공이 각 500만 원 정도 들었다(부수적으로 폐기물 처리비나 운송비 등이 발생할 수 있다).

추가로, 음악 연습실에 악기나 가구 등을 별도로 비치한다면 창업 비용은 좀 더 늘어날 수 있다. 그러나 음악 연습실 대부분은 공실 상태에서 대관하고, 사

오픈한 음악 연습실의 복도

용자가 자신의 악기나 장비를 갖다 놓고 사용하기 때문에 굳이 뭘 안 채워도 된다.

앞에서 말한 음악 연습실은 건물을 알아보기 시작한 시점부터 임대차 계약, 공사, 홍보, 그리고 오픈 후 만실 달성까지 총 3달 내외가 소요됐다.

청소와 시설 관리는 외주를 맡겼기 때문에 창업 완료 후 2달이 넘어가고 있는 지금까지 한 번도 점포에 들른 적이 없다.

방은 9개로 구성했고 각 방당 월 대관료는 지역 시세에 맞게 30~40만 원대로 설정했다(참고로, 월 단위 대여가 아닌 시간 단위 대여 연습실의 경우 시간당 4,000~7,000원이 평균적인 시세다). 월 매출은 300만 원대고 건물의 월세와 관리비, 공과금, 인터넷 요금, 정수기 요금 등의 고정비를 제하면 200만 원대의 월 순수익이 남는다.

공사비 5,000만 원 정도를 들여 고정적인 월 순수익 200만 원 중후반대를 만들었으니 수익률은 50% 내외가 됐다. 임대차 보증금을 포함해서 계산해도 수익률 40%가 넘어가고, 각종 수수료나 집기 구매 비용 등을 포함해도 36%의 수익률이 나온다. 이 정도 수익률이면 시기나 계절을 타지 않는 그 어떤 무인 업종과 비교해도 아쉽지 않다.

물론 처음 하는 사람이 봤을 때는 '이게 정말 무인으로 될까?', '이미 레드오션 아니야?', '창업 경험이 없는데 내가 할 수 있을까?' 등 걱정이 많은 게 당연하다.

그래서 이 책을 집필했다. 앞의 창업 사례에서 볼 수 있듯 책을 쓰는 현재 시점에 새로 창업한다고 해도 여전히 높은 수익률이 확보된다. 필자가 처음 음악 연습실을 창업했던 13년 전과 별다를 게 없다. 그러니 딱히 늦었다는 생각은 안 해도 된다. 단, 조건이 있다. 이 책에서 제시하는 기준으로 '제대로' 창업해야만 한다.

운영 13년 차 사장이 꼽는 음악 연습실의 핵심 경쟁력

음악 연습실을 소비자로서 처음 이용해본 건 20년쯤 전이다. 필자는 중학생 시절부터 대학교 실용음악과를 졸업할 때까지 다양한 음악 연습실을 월 단위, 연 단위로 계약해서 사용해 왔는데, 언젠가 의아한 점을 하나 발견하게 됐다.

어떤 음악 연습실은 사용자가 봤을 때 흠이 없는 완벽에 가까운 시설임에도 금방 상호가 바뀌거나 폐업을 하는가 하면, 어떤 음악 연습실은 시설도 오래됐고 그저 그런 평범한 곳일 뿐인데 10년이 지나도 그 자리 그대로 성업을 하는 것이었다.

당시에는 '그냥 그런가 보다' 하고 넘어갔는데 시간이 한참 지난 뒤 음악 연습실을 4곳까지 운영하면서 확실히 알게 됐다. 음악 연습실과 같은 공간 대여 사업에 있어서 성패를 좌우하는 핵심 경쟁력은 시설 조건이나 부수적인 옵션이 아니라 수급 밸런

스와 고정비 우위라는 사실을.

'수급 밸런스'는 수요자들이 어느 지역에서 음악 연습실을 더 많이 찾고 덜 찾는지, 그리고 어느 지역에 음악 연습실이 더 많고 적은지를 파악해서 공급자에게 유리한 지역을 선별할 때 필요한 개념이다. 또한, 고정비 우위라는 건 입지 대비 임차료가 저렴한 건물을 선점하면 확보할 수 있는 개념이다(이 2가지 개념을 실제 창업에 녹여내기 위한 구체적인 방법은 2장에 자세히 나온다).

음악 연습실의 수익 구조를 이해하면 고정비 경쟁력이 중요한 이유를 알 수 있는데, 바로 음악 연습실은 매출의 상단이 막혀 있다는 것이다(방이 다 차면 더 이상 매출을 올릴 수 없다). 따라서 기본적으로 매출 통제보다 비용 통제가 중요하다.

다른 점포보다 고정비가 높다면 추후 음악 연습실 사용료 조정에 한계가 있으므로 시간이 지날수록 주변의 고정비 우위가 있는 음악 연습실들과 경쟁하기가 어려워질 것이다.

공간대여업에서 가장 큰 고정비는 단연 건물의 월세다(프라자 상가의 경우 관리비가 많이 나올 수 있으므로 관리비도 포함해서 생각해야 한다). 월세는 최초 임대차 계약을 체결하는 순간 시작점이 정해지기 때문에 점주의 노력으로 바꿀 수 있는 조건이 아니다. 그 건물을 떠나지 않는 한 말이다.

그러니 음악 연습실을 포함한 대부분의 공간대여업은 건물 컨디션이 다소 나쁘더라도, 지역 내 동선이 좋지 않더라도, 가시성이 떨어지더라도, 지하층이나 승강기가 없는 상층부라도 평당 임대료가 저렴한 건물을 먼저 찾아야 한다.

예를 들어보자. 평균적인 규모의 음악 연습실 월 매출은 300만 원 내외다. 건물 월세, 관리비, 공과금, 렌탈료(인터넷, 정수기 등), 비품(휴지, 물컵, 손 세정제 등) 등의 지출을 총 100~150만 원 내로 맞춰야 월 150~200만 원의 영업 이익이 발생한다.

그런데 월세만 150~200만 원인 곳에 음악 연습실을 창업한다면 어떻게 될까? 공과금, 렌탈료, 비품 등 비용이 다 빠지고 나면 월 50만 원이 채 남지 않는 경우가 많을 것이다.

창업이 완료되면 품이 거의 안 들어가니 매달 50만 원씩만 남아도 괜찮지 않냐고 물을 수 있지만 그렇지 않다. 어디까지나 만실 기준의 계산이기 때문에 방 1~2개라도 공실이 되면 그달은 바로 적자가 나는 구조다. 이런 음악 연습실은 머지않아 상호가 바뀌거나 없어진다. 반면, 고정비를 100만 원 이하로 맞춘 음악 연습실은 방 10개 중 2~3개만 차도 비용 충당이 끝나기 때문에 안정적이다.

바로 이런 부분이 금방 폐업하는 음악 연습실과 오랫동안 성업하는 음악 연습실 간의 근본적인 차이 중 하나다. 다음 실제 사례로도 살펴보자.

건강상 문제로 퇴사한 후 1년 정도 쉬고 있던 30대 A는 동대문구에 음악 연습실을 창업했다. 3개월 정도 해당 지역 내 상가 공실을 샅샅이 찾은 끝에 29평에 월세가 40만 원인 시세 대비 무척 저렴한 상가를 계약할 수 있었다.

이후 방음 시공, 인테리어를 끝내고 본격적으로 홍보를 시작한 지 한 달 만에 방 9개가 만실이 됐다. 건물 월세 40만 원을 포함해서 총 지출되는 비용은 월 60~70만 원이었는데 방 9개 중 2개만 차도 그 비용은 해결되는 구조였다. 주변의 음악 연습실보다 저렴하게 방을 대관했음에도 월 200만 원 이상의 순수익이 발생했다.

50대 B는 은퇴 후 안정적인 현금 흐름을 기대할 수 있는 파이프라인을 만들고자 주거지인 동작구에서 손품, 발품을 팔기 시작했고 이내 35평에 월세 180만 원인 건물을 찾았다.

지역 내 입지를 감안하면 시세 대비 비싼 금액은 아니었으나 음악 연습실이 들어가기엔 과한 건물로 보였다. 따라서 필자는 '적합하지 않다'는 피드백을 줬으나 해당 건물에 이미 마음을 빼앗긴 B는 계약을 진행했다.

방 11개가 만실로 운영될 때는 순수익이 월 170~200만 원 정도가 됐는데 고정비가 높아서 방 5~7개가 순전히 비용을 충당하는 구조였다. 그래서 공실이 1~2개만 생겨도 영업 이익이 100만 원 선으로 급감했다.

이 상황에서 2~3년이 지나고 주변에 새로운 음악 연습실이 생겨나 공실 3~4개 정도가 수시로 발생하면 순수익은 월 50만 원 수준이 되거나 영업 이익 자체가 없어질 수 있고, 최악의 경우 적자로 운영되는 상황에 빠질 수도 있다.

A와 B의 사례를 통해서도 쉽게 알 수 있듯 고정비 우위는 음악 연습실 창업에 있어서 절대적으로 중요한 핵심 경쟁력이라는 사실을 기억하자.

창업 전 미리 알면 좋은 사실 3가지

'음악 연습실 창업'이라고 하면 공통으로 궁금해하는 부분이 있다. 대표적으로 방음의 수준이 어느 정도여야 하는지, 건물 몇 층에 입점하는 게 좋은지, 이상적인 크기는 어느 정도인지 등이다.

민원이 안 생기는 방음?

음악 연습실을 처음 방문했다가 '생각보다 완벽한 방음이 아님'에 놀라는 사람이 적지 않다. 이해는 된다. 직접 접하기 전에 상상만 해보는 음악 연습실은 방음문을 닫고 들어가면 무언가 다른 차원에 들어온 것처럼 완벽하게 방음이 된다고 생각할 수 있다. 그 안에서 아무리 소리를 질러도 밖에서 전혀 눈치채지 못할 것 같은 생각도 든다. 영화 '인터스텔라'에서 주인공이 책장 안에서 미친 듯이 소리쳐도 밖에선 아무런 낌새도 느끼지 못하는 것처럼 말이다.

안타깝지만 음악 연습실은 그렇지 않다. 뒤에 나올 시공 파트에서도 다루겠지만 음악 연습실 방음 공사는 어느 지점 이상부터는 비용이 기하급수로 증가하기 때문에 공간의 특성과 골조의 구조, 충진재, 흡차음재(吸遮音材), 틈새 처리 등을 복합적으로 활용해서 소리와 진동을 '효과적으로 줄이는 데' 목적이 있다.

대충 어떤 체감이냐면, 방 바깥 복도에서 들었을 때 각 방에서 나오는 노랫소리, 악기 소리, 미디 소리 등이 충분히 식별되는 수준이다.

다행히 방 간 간섭은 그보단 낫다. 방 안에서 들었을 때 다른 방의 소리는 멀리서 나는 소리처럼 아득하게 들린다. 사람 목소리로 예를 들면 무언가 웅웅 거리는 느낌은 있어도 대화 내용이 이해될 만큼 선명하게 들리진 않는다. 그러나 주파수가 낮은 킥, 베이스 같은 악기 소리는 꽤 거슬릴 만큼 들리기도 한다.

완벽 방음이 아니라고 해서 크게 걱정할 필요는 없다. 사용자들도 대부분 음악 연습실의 방음 정도, 스탠더드(Standard)를 잘 알고 있기 때문이다.

그렇다면 음악 연습실 내부가 아니라 외부에서는 소리가 어떻게 들릴까? 현관문만 나가도 생활 소음에 묻힐 만큼 거의 안 들린다. 더 나아가서 1개 층을 올라가거나 내려가면 평소엔 아예 안 들리는 수준이고 아주 조용한 새벽에 최대한 집중해야 작은 소리가 겨우 들릴까 말까 한다. 그러니 외부에서의 소음 민원에 대한 걱정은 하지 않아도 된다.

물론 주거 건물들이 따닥따닥 붙어있는 밀집 지역이라면 좀 더 신경을 써야 할 필요는 있다. 만약 드럼 연습실을 창업한다면 애초에 주거 호실이 아예 없는 건물에서 시작해야 한다(공부상 주거 공간이 없다고 해도 실제 현황은 다를 수 있으니 공인중개사, 임대인, 관리소 등에 꼭 확인한다).

지하 또는 3층 이상에 입점한다

음악 연습실을 창업해야 하는 층수가 정해져 있는 건 아니지만 고정비를 낮추는 게 중요한 업종의 특성상 1층 상가에 입점하면 타산이 나오지 않는다.

2층은 지역이나 지역 내 입지에 따라 타산이 나오기도 하나 역시 대부분은 부적절하다. 따라서 음악 연습실은 지하층 또는 3층 이상의 상층부에 입점하는 게 현실적이다. 무거운 악기를 직접 갖고 다니는 경우도 적지 않으므로 승강기가 없는 건물이라면 4층이 최대라고 보면 된다.

지하층의 장점은 임대료가 가장 저렴하다는 것이다. 또 다른 장점 하나는 상층부는 층마다 여러 호실로 나눠져 있는 경우가 많은데 지하층에는 단독이 많다. 그러니 적어도 옆 호실 상가의 눈치를 볼 일은 없다.

반면, 지하층의 단점은 예상하는 것처럼 환경적인 부분이다. 습기, 누수, 곰팡이, 벌레 등의 문제에 취약하다. 물론 지하층이 아니라고 해서 이와 같은 문제가 없는 건 아니지만 아무래도 덜하다.

상층부는 지하층과 비교하면 거의 모든 부분이 장점이다. 단점은 '상대적으로 비싼 임대료' 한 가지밖에 없다.

무척 다행인 점은 음악 연습실 사용자들이 지하층 시설에 워낙 익숙하다 보니 음악 연습실이 지하에 있다고 해서 그 자체가 사용 여부를 결정하는 중대한 기준이 되지는 않는다는 것이다.

결론적으로 지하층 시세와 비슷한 금액으로 나온 상층부 매물을 잡아서 입점하는 것이 가장 좋다. 그다음은 비교적 컨디션이 괜찮은 지하층을 최대한 저렴한 임대료로 임차해 입점하는 것이다.

건물 크기와 방 크기

음악 연습실 크기는 어느 정도가 적당할까? 창업을 위해서는 2가지의 크기를 결정해야 한다. 우선 건물 계약 면적에 대한 크기를 정해야 하고, 음악 연습실 내부에서 각 방의 크기를 정해야 한다.

건물 크기, 즉 평수의 경우 작게는 20평대부터 크게는 50평대 이상까지도 검토하게 된다. 평수에 따라 시공비가 달라지기 때문에 예산에 맞춰 결정하는 게 일반적이다(보편적인 음악 연습실의 공부상 평수는 30~40평이다).

공인중개사사무소에서 얘기하는 평수는 보통 공급 면적을 기준으로 하지만 실제 그 공간을 사용하는 창업자에게는 전용 면적이 중요하다. 건물의 구조에 따라 공급 면적과 전용 면적은 큰 차이가 날 수 있으므로 레이저 미터기 등을 활용해서 실측 크기를 파악해야 한다.

30평인데 실측을 해보면 활용 가능한 전용 면적이 22평도 나오지 않는 경우도 있다. 반대로 거의 30평에 가깝게 나오기도 한다. 다른 조건이 같다면 당연히 전용률이 높은 상가를 택해야 한다. 방을 1~2개 더 내고 못 내고는 수익률에 큰 영향을 미친다.

다음은 음악 연습실 내부의 개별 방 크기다. 방은 소형, 중형, 대형 등 3가지 타입으로 구분하는 게 보통이며 소형 룸은 가로 2미터, 세로 2미터 이내의 방을 말한다. 보컬, 피아노, 기타, 바이올린, 플루트, 색소폰 연습이 가능한 사이즈이며 미디 사용자도 사용할 수는 있지만 사용하는 악기나 장비가 많다면 비좁을 수 있다.

레이아웃(Layout)을 구상하다 보면 소형 방을 많이 넣어서 방 개수를 늘리고 싶은 마음이 들 수 있지만 가로 1.5미터, 세로 1.5미터 이하의 방은 너무 작아서 수요가 없을 수 있으니 주의한다.

중형 룸의 사이즈는 가로 2.5미터, 세로 2.5미터 내외다. 수치로 보면, 소형 룸과 큰 차이가 나지 않아 보이지만 실제 사용자의 체감은 많이 다르다. 중형 룸부터는 2~3명이 들어가도 어느 정도 여유가 있으므로 레슨도 편하게 가능하고 장비가 많은 미디 사용자도 입주할 수 있다.

대형 룸은 가로 3미터, 세로 3미터 이상의 방으로 소규모 앙상블도 가능한 사이즈다.

일반적으로 중형 룸에 대한 수요가 가장 많으므로 중형 룸을 위주로 설계하고 나머지 공간에 소형 룸과 대형 룸을 섞어서 구성하는 게 바람직하다.

한 가지 팁을 전하자면, 음악 연습실이 어느 지역에 소재하는가에 따라 지역 수요자들이 선호하는 방의 크기가 다를 수 있다. 예를 들어, 음악 연습실을 창업하려는 곳이 작은 평수의 주택이 모인 곳이라면 지역 수요자들이 소형 룸도 딱히 작다고 느끼지 않아서 중형 룸이나 대형 룸보다 소형 룸을 많이 찾는다. 반대로 대형 평수의 주택이 많은 곳이라면 소형 룸은 인기가 아예 없을 수도 있다.

여러 지역에서 음악 연습실을 창업하고 운영해본 결과, 이러한 부분들도 공간을 기획하고 시공할 때 참고해서 반영하면 이후 운영이 훨씬 수월해진다.

음악 연습실을 인수하는 건 어떨까?

"음악 연습실을 창업하려는데 자재비나 인건비가 너무 많이 올라서 예산이 계속 커집니다. 창업 완료 후에 만실이 잘 될지도 모르겠어요. 경기도 좋지 않은데 새로 창업하는 것보다 인수를 알아보는 게 나을까요?"

음악 연습실을 창업하는 방법에는 새로 차리는 것 말고도 한 가지 옵션이 더 있다. 바로 현재 안정적으로 운영되고 있는 음악 연습실을 인수하는 것이다. 음악 연습실을 인수하는 경우에는 어떠한 장단점이 있는지 살펴보자.

인수의 장점

첫 번째, 음악 연습실을 인수하는 경우 뭐니 뭐니 해도 인수 절차가 마무리되는 동시에 바로 돈이 들어온다는 게 장점이다. 보편적인 음악 연습실은 순수익 월 150~250만 원 정도, 규모가 큰 음악 연습실은 월 300~500만 원 정도의 현금 흐름이 단박에 생기므로 월급이 한 번 더 들어오는 느낌을 받을 수 있다.

두 번째, 반드시 그런 건 아니지만 새로 창업하는 데 들어가는 비용 대비 권리금액(음악 연습실 인수 가격)이 보통 더 저렴하다.

세 번째, 현재의 임대차 계약 조건(보증금, 월세 조건 등)이 유지되거나 제한된 폭의 상승만 용인하는 조건으로 권리금 계약을 체결하기 때문에 인근의 공실 상가 시세보다 저렴한 월세로 임대차 계약을 진행할 확률이 높다. 따라서 고정비 경쟁력을 자연스레 확보하게 되는 장점이 있다(이 부분은 권리금 거래를 다루는 5장에서 더 자세히 다루겠다).

인수의 단점

첫 번째, 내가 원하는 지역에서만 매물을 찾으려고 한다면 인수 완료까지 몇 년이 걸릴지 모른다는 치명적인 단점이 있다.

아무 매물이나 인수하려는 게 아니고 '좋은 음악 연습실 인수'가 목적이므로 원하는 지역에서 좋은 수익률을 유지한 채 시장에 나오는 음악 연습실을 찾아야 하는데 이게 절대 흔하지 않다.

두 번째, 공사 내역을 정확히 알기가 어렵다. 거래 과정에서 이미 끝난 인테리어의 내부를 훼손하면서까지 다 확인해볼 수 없어서 최초 시공이 어떻게 됐는지, 이후 하자나 보수 내역은 어떤지 등에 대해 명확하게 확인하기가 어렵다(시공 자료가 잘 남아있으면 다행이지만 제대로 보관이 안 된 경우가 더 많아서 그저 구두로 대략적이고 뻔한 설명을 들어야 할 것이다).

극단적인 가정이지만 오랜 기간 시설 관리가 제대로 안 된 연습실이라도 거래 시점에 표면적인 문제가 안 보이도록 얼마든지 처리할 수 있지 않겠는가? 인수자 입장에서는 이런 위험까지 모든 가능성을 열어둬야 한다는 것이 인수의 치명적인 단점이다.

성공적인 인수로 월 300만 원을 벌다

서울 강서구에 거주하는 직장인 C는 2024년 봄에 필자에게 인수할 좋은 음악 연습실을 찾아달라는 의뢰를 했다.

우선 C의 거주지 인근에 매물로 나온 음악 연습실 몇 개를 소개했다. 그중 한 곳과는 본계약 조율 단계까지 진행됐으나 양도인 측의 (매출 증빙 관련) 비협조적 태도로 거래가 성사되지 못했다. 이후 한동안 괜찮은 매물을 발굴하지 못하다가 몇 달 뒤에 서초구에서 매력적인 음악 연습실 매물을 찾았다.

여기서 '매력적인 매물'이란 크게 3가지 조건을 충족하는 매물이다. 첫째, 권리금이 적정해야 한다(새롭게 시공하는 비용 대비 과도하게 높거나 현재의 시설 컨디션 대비 터무니없이 비싼 권리금을 요구하는 경우가 많다). 둘째, 건물 월세가 주변 시세 대비 저렴해야 한다. 셋째, 평균 공실 개수 등의 운영 현황이 만족스러워야 한다.

매물을 새로 소개받은 C도 전반적인 거래 조건에 만족했고, 순조롭게 권리금 계약과 임대차 계약이 진행되어 한 달 내로 잔금과 인수인계까지 모두 마무리됐다.

결론적으로 직장인 C는 입지 및 평수 대비 저렴한 임대차 조건(서초역 역세권, 42평, 보증금 1,000만 원, 월세 115만 원)으로 권리금 1억 원 상당의 만실 음악 연습실을 인수했다. 이 음악 연습실에서는 월 매출 500만 원, 월 지출 170만 원, 월 순수익 330만 원 정도가 나왔고 연간 영업 이익은 3,960~4,200만 원으로 임대차 보증금을 포함한 총투자금 대비 수익률은 36~38%나 됐다.

매달 300만 원 이상 안정적인 현금 흐름이 만들어지는 것을 직접 경험한 C는 2호점을 추가로 내고 싶다고 말했다.

*

종종 '창업이냐 인수냐', '인수냐 창업이냐'에 대해 딱 하나를 꼽아달라는 요청을 받기도 하는데 참 난감한 질문이다.

장단점이 뚜렷해서 상황에 따라 적합한 답이 다르다. 앞에 나온 C의 사례처럼 직장인이라면 인수가 좀 더 효율적일 수 있다. 그러나 일반적으로는 창업을 우선 추천하고 싶다. 그 이유는 아무리 열심히 인수 매물을 찾을지언정 하나부터 열까지 치열하게 고민하고 결정하면서 만들어 낸 '내 가게'만큼 마음에 들긴(또는 애정이 가긴) 어렵기 때문이다.

또한, 무엇이든지 처음 할 때보다 두 번째 할 때 더 잘하고, 세 번째 할 때는 두 번째 할 때보다도 잘하게 되기 때문에 창업의 경험을 한 번이라도 더 쌓는 것을 추천하고 싶다.

물론 인수하는 과정에서도 그 나름대로 배우는 것이 있고 그 자체도 좋은 경험이긴 하겠지만 창업 전반의 과정을 직접 경험하지는 못한 것이므로 적어도 처음에는 직접 차려보길 바라는 마음이다.

이 책을 만나기 전까지야 음악 연습실 창업이 너무 막연했겠지만 이제 걱정할 필요가 없지 않은가? 책 내용대로 잘 따라만 온다면 누구나 성공적으로 음악 연습실을 창업하고 운영할 수 있으니 말이다.

사업자 등록과 세금

음악 연습실 관련 사업자 등록에는 특별한 요건이 필요하지 않다. 음악 연습실은 '허가 업종'이 아니고 '신고 업종'이기 때문이다. 즉, 사업자 등록을 위한 별도의 수리 절차가 없다는 얘기다.

상가 임대차 계약을 한 다음, 계약서와 신분증을 갖고 세무서에 가면 10분 내로 사업자 등록을 완료할 수 있다. 참고로, 직접 가지 않고 온라인(홈택스)으로 할 수도 있다. 온라인이든, 오프라인이든 신청서에서 '확정일자 신청 여부'에 체크만 하면 확정일자까지 편리하게 받을 수 있다.

사업자 등록 신청 서식에는 사업자 상호, 임대차 계약을 한 사업장 주소지, 임대인 인적사항, 월 차임 등을 기재해야 한다. 중간에 업태와 종목을 적는 부분이 있는데, 음악 연습실 사업자는 주로 '업태: 서비스업', '종목: 음악 연습실' 등으로 나와 있었다.

그런데 최근에는 세무서마다 '업태: 부동산업', '종목: 연습실 대관(또는 공간 대여)' 등 조금씩 상이한 업태와 종목으로 정정해서 내주기도 한다.

사업자 등록을 할 때 꼭 결정해야 하는 사안이 있다. '간이과세자로 할 것이냐', '일반과세자로 할 것이냐'의 문제인데, 대부분 간이과세자로 하면 된다. 간이과세는 연 매출 1억 400만 원 미만인 소규모 사업자를 대상으로 하는 제도이고, 일반과세와 달리 부가세 신고를 1년에 한 번만 하므로 간편하다.

반면, 부가세 환급이 불가하다는 단점이 있지만 어차피 매입보다 매출이 큰 사업, 즉 쓰는 돈보다 버는 돈이 많은 정상적인 음악 연습실에서 환급은 무의미하다. 따라서 (이미 일반과세사업자로) 다른 장사를 하고 있다는 등의 기타 사유로 간이사업자가 불가능한 경우가 아니라면 간이과세자로 등록하면 된다.

음악 연습실의 세금

세금 관련해서는 부가세 신고와 종합소득세 신고, 이렇게 2가지를 하게 된다. 각각 1년에 한 번씩 하면 된다.

우선 매년 1월 1일부터 1월 25일까지 진행하는 부가가치세 신고는 전년도 1월 1일부터 12월 31일까지의 매출과 매입에 대해 확정 신고를 하는 것이다.

음악 연습실은 일반적으로 현금 매출 비중이 높기 때문에 사용자 요청에 따른 현금영수증 처리(소득 공제)가 없더라도 매월 홈택스에서 현금영수증 자진 발급을 하게 된다. 홈택스 화면에서 '계산서·영수증·카드→현금영수증(가맹점)→발급→현금영수증 건별 발급' 순으로 들어가 자진 발급 여부를 '여'로 체크하고 매출(대관료)을 입력한 후 발급하면 된다. 이후 부가세 신고 기간에는 앞에서 말한 순으로 진행해 발급해뒀던 현금영수증 내역 또는 매입 내역들이 클릭 한 번에 다 불러와지므로 어렵지 않게 진행할 수 있다.

• 출처: 홈택스

o 거래정보 등록

거래일자	2025-12-17 10:40:37	승인번호	
*자진발급 여부	○ 여 ⦿ 부	*용도구분	소득공제 ∨
*거래유형	⦿ 과세 ○ 면세	*발급수단번호	
*총 거래금액		공급가액	0
부가세	0		
메모(0Byte)			

• 출처: 홈택스

종합소득세는 매년 5월 1일부터 5월 31일까지가 신고 기간이고, 전년도의 사업소득, 근로소득, 이자소득 등을 모두 합산한 내 소득에 대해 신고하고 세금을 내는 것이다. 세율은 소득 규모에 따라 6~45%다.

종합소득세 신고는 (필요하다면 부가세 신고도) 세무사 사무실에 맡기는 것을 권고하는 편이다. 단지 음악 연습실 사업만 놓고 봤을 땐 홈택스에 있는 세금 비서 서비스만 이용해도 누구나 혼자 가능할 정도로 간단하다. 하지만 (예를 들어) 본인이 사업소득 외 근로소득 등 여러 종류의 소득 채널이 있어서 다양한 절세 방안을 고민해야 한다거나 내년에 있을 대출 만기 연장을 대비해야 한다던가, 정책적인 혜택을 받거나 받을 예정이던가 하면 세부적인 신고 조정이 필요할 수 있으므로 세무사 사무실에 맡기는 것이 좋다.

세금은 생각보다 여러 부분과 연결된다. 개인이 하나하나 신경 쓰지 못하는 부분들까지 전문가가 챙겨주므로 신고 대행료, 조정료를 감안해도 훨씬 유리하다. 또한, 평소에 세금과 관련한 궁금한 내용을 물어볼 수 있다는 점도 큰 장점이다.

모든 사업자는 원칙적으로 사업자 등록을 필수로 해야 한다. 가끔 사업자 등록이 불가한 건물에 창업을 계획하거나 개인적인 사유로 사업자등록증을 발급하지 않으려는 경우도 있는데, 사업자 등록을 포함한 요건을 갖춰 대항력 있는 임차인이 되어야 혹시 언젠가 생길지도 모를 임대차 분쟁에서 자신을 방어할 수 있으니 꼭 사업자를 내고 운영하기를 바란다.

음악 연습실 내부

다음은 음악 연습실 내부 모습이다.

2장
음악 연습실 ②

이미 이겨놓고
창업하는 방법

성공적으로 창업하려면 이렇게 하라

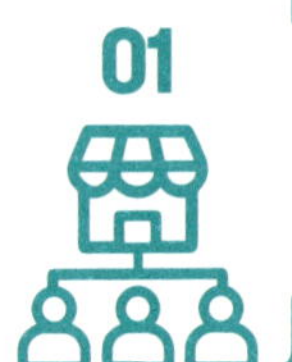

음악 연습실을 그저 자신의 취미 공간, 자아실현 공간으로 차릴 게 아니라 수익형 사업 모델로 창업한다면 연간 수익률은 30% 이상 확보되어야 한다. 전체 방 중 20% 정도가 공실인 것을 감안해서 계산한다고 해도 최소 연 25% 가까운 수익률이 나와줘야 한다.

이런 정도의 세팅이 완료되어야만 음악 연습실을 운영하는 동안의 현금 흐름에도 의미가 있고, 추후 엑시트(Exit)도 수월하게 할 수 있다. 반대로 이러한 조건을 맞추지 못한다면 투자한 시설 비용을 권리금으로 온전히 회수하지 못할 확률이 높다. 그렇다면 어떻게 해야 25~30% 이상의 수익률을 유지하는 음악 연습실을 창업할 수 있을까?

우선 너무 과한 인테리어는 지양하고 창업 비용(대부분 시공비)을 합리적으로 써야 한다. 시공비는 회수 기간에 있어서도 중요하고 추후 양도의 용이성에도 큰 영향을 미치므로 최대 7,000~8,000만 원대를 넘기지 않도록 하는 것을 추천한다. 지역에 따라서는 퀄리티 좋은 음악 연습실보다 가성비 좋은 음악 연습실을 선호하는 지역들이 있는데, 그렇다면 시공비를 평균 대비 절반 수준으로 낮출 수도 있다.

다시 얘기하는데 음악 연습실과 같은 공간대여업은 방의 개수에 따라 매출이 제한되는 특성이 있다. 즉, 방이 모두 예약된 상태라면 추가 매출을 올리는 것이 사실상 불가능하다.

그렇다고 객단가를 높이는 것에도 한계가 있다. 아무리 고퀄리티로 시공된 음악 연습실이라고 해도 방 1개당 70~80만 원 이상으로 가격을 설정하면 이를 감당할 수요자는 많지 않기 때문이다. 마치 아무리 퀄리티가 좋은 김밥이라도 한 줄에 2만 원이면 그 수요에 한계가 있는 것과 같은 이치다(한두 번은 사 먹을지 몰라도 반복적인 재구매는 어려울 것이다).

따라서 고수익률의 음악 연습실을 창업하고 유지한다면서 높은 매출을 목표로 하는 것은 바람직하지 않다. 앞에서 언급한 대로 결국 핵심은 '비용 최적화'에 있다. 낮은 고정비로 사업을 시작해야 한다.

물론 낮은 월세의 건물만 찾다 보면 무언가 하나 이상씩 마음에 들지 않는 요소가 반드시 있지만 그럼에도 불구하고 최적의 조건을 찾기 위해 노력해야 한다.

수익률 예측해보기

특정 지역에 음악 연습실을 창업했을 때 수익률 30% 이상이 나올 수 있는지 예측해보는 방법이 있다.

그 주변 음악 연습실들의 시세를 파악하는 게 첫 번째다. 뮤지션에게 필요한 정보를 제공하는 사이트인 뮬(www.mule.co.kr)에서 '합주실/연습실' 메뉴에 들어가면 다양한 지역에서 운영되고 있는 음악 연습실을 확인할 수 있다. 금액이 공개된 음악 연습실 위주로 월 사용료를 확인하다 보면 해당 지역의 음악 연습실 시세에 대해 대략 감을 잡을 수 있다.

그다음은 네이버페이 부동산(전 네이버 부동산)을 통해 해당 지역 내 공실 상가들의 월세 시세를 확인할 차례다.

네이버페이 부동산에서 '상가·업무·공장·토지' 메뉴를 클릭한다. 그다음, '거래 방식' 메뉴에서 '월세'를 클릭하고 '면적' 메뉴에서 가로선 양쪽 끝의 동그라미 2개를 조정해 '30~40평' 정도로 설정하면 적당하다(시드 머니가 적다면 20평대로 해도 된다). 마지막으로 '층수' 메뉴에서 '지하층'과 '지상층(1층 제외)', 이 2가지 옵션을 번갈아 가면서 모니터링한다.

이렇게 필터 적용을 했다면 검토해야 할 매물 대상이 줄어들기 때문에 한눈에 보기 편할 것이다. 여기서부턴 매물 하나하나를 살펴보면서 역 또는 주요 시설물에서 거리가 어떻게 되는지, 건물 컨디션은 어떤지, 주차 공간은 있는지, 보증금·월세·관리비가 얼마인지 등을 정리해 두면 된다.

이제 마지막 세 번째 단계다. 해당 지역 내 음악 연습실들의 평균적인 시세와 공실 상가의 월세 시세를 파악했다면 표를 직접 만들어 보는 것이다.

예를 들어, 해당 지역 음악 연습실들의 시세가 월 30~40만 원이라고 한다면 방 1개당 평균 매출을 35만 원으로 잡을 수 있다. 방 개수는 보통 4평당 1개로 잡으면 적당하다. 네이버페이 부동산에 나와 있는 평수가 32평이라면 방을 8개로 가정하는 것이다.

비용 부분에는 네이버페이 부동산에서 확인한 공실 상가들의 평균 월세, 관리비 등을 기입한다. 이런 식으로 계산해 보면 창업이 완료됐을 때 기대할 수 있는 순수익 규모 또는 수익률을 대략 가늠해볼 수 있다.

매출	비용	수익(수익률은 투자금 7,000만원 기준)
1번방 35만원	월차임 80만원	
2번방 35만원	관리비 10만원	
3번방 35만원	공과금 20만원	
4번방 35만원		
5번방 35만원		
6번방 35만원		
7번방 35만원		
8번방 35만원		
총 280만원	총 110만원	순수익 170만원(연 2,040만원 / 연수익률 29.1%)

물론 이러한 가정은 어디까지나 음악 연습실이 만실 수준으로 운영된다는 전제다. 1장에서 얘기한 것처럼 해당 지역의 음악 연습실 수급 밸런스를 잘 분석하면 높은 확률로 오랫동안 만실을 유지할 수 있다(관련한 프로세스는 뒤에서 자세하게 다룰 예정이다).

여기서는 '열심히 하면 잘될 거야' 같은 근거 없는 희망 회로로 창업을 시작하지 말고, 최소한 수익률 예측 정도는 해본 다음, 본격적인 창업 절차에 착수해야 한다는 점을 기억하고 있어야 한다.

사실 창업 성패의 90% 이상은 '임대차 계약을 하기 전에 결정'이 난다. 인테리어, 마케팅, 운영 방식 등은 창업이 완료된 후에도 얼마든지 수정과 보완이 가능하지만 한 번 정해진 지역, 건물, 월세는 사업장을 옮기거나 폐업하기 전에는 바꿀 수가 없기 때문이다.

다시 한번 강조하는데 음악 연습실 운영에 있어서 수익률 30% 이상을 수월하게 유지할 수 있게 하는 조건은 최적화된 고정비다. 그리고 이는 얼마든지 우리가 직접 선택할 수 있는 부분이기도 하다.

창업 지역을 정하는 3단계 프로세스

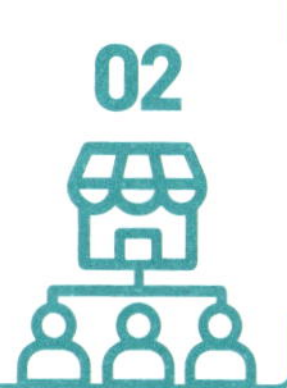

창업 지역을 정하는 건 대단히 중요하고 본질적인 의사 결정이다. 한 번 봤는데 느낌 좋다고 결정했다가 무를 수 있는 성질이 아니다. 지역을 정하고 임대차 계약을 하는 순간 최소 1~2년은 영업을 지속해야 하기 때문에 지역을 잘못 정해서 장사가 잘되지 않는다면 1~2년 치 월세를 소모하게 된다. 이뿐만이 아니다. 추후 새로운 임차인이 들어오려고 하지 않을 것이기에 권리금 양도도 불가능하다. 즉, 시설 투자금 회수도 못 할 수 있다.

그래서 철저히 시장의 수요와 공급을 따져보고 결정해야 한다. 그냥 집에서 가깝다고, 뭔가 느낌이 온다고, 친숙한 동네라고 창업 지역을 결정하지 않는다.

한 가지 다행인 점이 있다. 음악 연습실과 같은 오프라인 기반 로컬 비즈니스는 지역의 특성에 따라 장기간 수급 불균형 상태가 지속되는 경우가 많다. 우리는 이 부분을 노린다.

가령 D 지역에는 음악 연습실을 사용하려는 수요는 많은데 음악 연습실 수가 적다. 반면, E 지역의 경우 음악 연습실은 너무 많고 이용자는 적어서 거의 모든 음악 연습실이 운영에 어려움을 겪고 있다. 음악 연습실을 창업하려는 사람이라면 D 지역과 E 지역 중 어디에 창업해야 유리할까?

당연히 D 지역이라고 대답할 것이다. 맞다. 그러니 좀 더 수익을 내려는 창업자라면 D 지역과 같은 곳을 찾아내려고 해야 한다. 이제 D 지역을 찾아내는 방법을 하나씩 살펴보자.

① 수요 추정

간단하게 음악 연습실에 대한 수요를 추정해보는 방법이 있다. '특정 지역에서 음악 연습실이 얼마나 많이 검색되고 있는가'를 확인하는 것이다.

네이버 키워드 도구(네이버 통합 광고주센터→검색광고→도구→키워드 도구), 블랙키위 등 다양한 툴과 사이트를 통해 월간 검색량을 조회할 수 있다. 이 책에선 좀 더 편하게 쓸 수 있는 '웨어이즈포스트의 키워드 마스터'를 기준으로 설명하겠다.

네이버에서 '웨어이즈포스트'를 검색하거나 주소창에 'www.whereispost.com'을 입력해서 사이트에 접속한 후 메뉴 중 '키워드 마스터'를 클릭한다. 그런 다음, 검색창에 '○○동 연습실'

-	키워드	PC 검색량	모바일 검색량	총조회수	문서수	비율
-	합정연습실	40	290	330	9,725	29.470
-	불광연습실	10	10	20	813	40.650
-	운정연습실	10	70	80	2,441	30.513
-	불광동연습실	10	10	20	616	30.800
-	신림연습실	40	600	640	4,021	6.283
-	영등포구청역연습실	10	40	50	1,023	20.460
-	동작구연습실	10	20	30	3,252	108.400
-	서초연습실	20	380	400	2,179	5.448
-	강남연습실	110	980	1,090	45,304	41.563

• 출처: 웨어이즈포스트

처럼 알아보고 싶은 지역 '이름'과 '연습실'을 입력해 검색하면 된다.

중요한 골자는 PC 검색량과 모바일 검색량을 합한 '총 조회 수'가 높은 지역을 뽑아내는 것이 중요하다.

기본적으로는 관리하기 편한 지역, 평상시 동선상 이점이 있는 지역부터 조사를 시작해도 되지만 창업이 완료되고 나면 거의 100% 외주 관리가 가능하므로 다소 멀거나 잘 모르는 지역이더라도 수급 데이터가 잘 나오는 지역(현재 단계에서는 일단 검색 수가 높은 지역)으로 결정하는 걸 권고한다.

#② 공급 현황 조사

다음으로는 해당 지역에 얼마나 많은 음악 연습실이 운영되고 있는지 살펴볼 차례다. 간단하게 네이버 지도에서 음악 연습실을 찾아봐도 되지만, 댄스 연습실이 아닌 음악 연습실은 네이버에 등록되어 있지 않은 경우가 상당히 많다.

따라서 네이버 지도보다 앞에서도 말한 '뮬'에서 확인하는 게 좋다(음악 연습실 사장님들은 네이버에 업체 등록을 하지 않는 경우가 많지만 뮬에는 전부 등록하기 때문이다).

네이버에서 '뮬'을 검색하거나 주소창에 'www.mule.co.kr'을 입력해서 사이트에 들어간 다음, 접속한 후 메뉴 중 '합주실/연습실' 메뉴를 클릭한다.

스크롤을 최하단으로 내리면 검색 옵션이 나오는데, 전 단계인 '수요 추정' 단계에서 뽑았던 검색 수가 높은 지역을 설정한 다음 '검색하기' 버튼을 누른다.

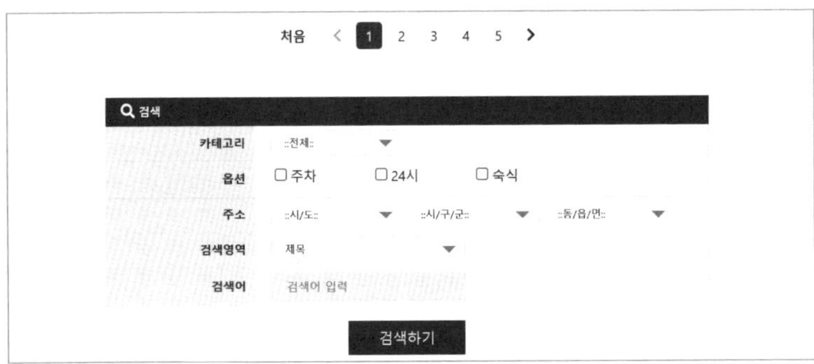

• 출처: 뮬

검색 결과가 나오면 우측의 작성일(업데이트 일자)을 기준으로 최근 12개월 동안의 글 개수가 몇 개인지 기록하면 된다. 이 업체들의 수가 실질적인 경쟁자 수로 보면 된다.

물론 이렇게 취합하는 숫자에는 많은 변수가 존재한다. 한 업체가 여러 아이디를 사용해서 중복 글을 올리기도 하기 때문이다. 12개월 이전의 글 중에서도 유효한 경쟁업체가 있을 수 있다. 그래도 같은 조건으로 여러 지역을 비교할 것이기 때문에 그러한 변수는 어느 지역이나 비슷하게 희석된다고 보면 된다.

참고로, 수요를 추정했던 기준 키워드가 지하철역일 때(○○역 연습실) 일부 역의 경우 해당 역을 도보로 이동할 수 있는 동이 여러 개일 수 있다. 예를 들면, 천호역의 경우 천호동, 성내동, 풍납동에서 모두 천호역을 도보로 이용할 수 있다. 이럴 땐 뮬에서 해당 행정동들을 각각 검색한 후 업체 수를 다 더해야 한다.

이런 식으로 '① 수요 추정' 단계와 '② 공급 현황 조사' 단계를 거치며 창업을 진행할 지역을 좁혀나가면 된다. 다시 강조하는데 우리가 원하는 조건은 '음악 연습실을 찾는 검색 수는 높은데 그에 반해 뮬에 등록된 업체 수는 적은 지역'이다.

창업 지역을 딱 1곳으로 추리지 말고 3곳 정도 골라두면 좋다. 만약 1곳만 뽑고 끝낸다면 해당 지역 내에서 계약을 추진할 만한 좋은 공실 상가를 바로 못 찾고 1년 이상 하염없이 기다려야 할 수도 있다.

③ 경쟁 강도 조사

3곳 정도의 창업 후보 지역을 결정했다면 마지막으로 각 지역 내에서 운영되고 있는 음악 연습실의 경쟁 강도를 확인한다.

'합주실/연습실' 메뉴에 나오는 업체 글들을 클릭해보면 현재 공실이 몇 개인지, 방마다 금액은 어떻게 되는지, 보증금이 있는지 없는지, 컨디션은 어떤지 등을 확인할 수 있다(공개가 되어있지 않은 업체도 있지만 나와 있는 업체 위주로 보면 된다).

후보 지역 내 음악 연습실들의 운영 현황을 모니터링하다 보면 그 동네의 경쟁 강도가 어떤지 대략 감이 올 것이다. 가령 어떤 동네는 업체마다 공실이 많고 각종 할인 이벤트를 하는 반면, 어떤 동네는 전혀 그렇지 않고 오히려 입주 대기가 걸려있는 것을 알 수 있다.

이러한 정성 평가 결과까지 모두 고려해 3곳에서 뽑아뒀던 지역 간의 우선순위를 정하면 된다. 물론 그 순위가 꼭 최종순위가 되는 건 아니다(건물과의 매칭도 중요하기 때문이다).

*

이처럼 ①부터 ③단계까지 반복적으로 확인, 조사하며 최적의 창업 지역을 선정하는 게 목표다.

창업에 있어서도 《손자병법》 '형편'에서 말하는 선승이후구전(先勝而後求戰), 즉 이겨놓은 다음(승리할 수 있는 조건을 만든 다음)에 싸우는 전략이 필요하다. 승리하는 군대는 먼저 이겨놓고 나중에 싸운다.

　자영업에 있어서 먼저 이겨놓는 방법은 '창업 지역을 잘 정하는 것'에 달렸다. 따라서 이번에 설명한 '창업 지역을 정하는 3단계 프로세스'를 꼭 적용하기 바라고, 비단 음악 연습실이 아니라 다른 아이템의 창업일지라도 이러한 맥락으로 조사 및 분석한 후 창업한다면 특별한 준비 없이 무작정 창업하는 많은 경쟁자보다 압도적으로 좋은 성과가 있을 것이다.

대박 나는 음악 연습실 지역의 특성

음악 연습실을 창업할 지역을 조사하다 보면 100% 확신이 드는 경우보다는 아리송하고 고민스러운 경우가 더 많다. 특히 'F 지역도 좋은 것 같고 G 지역도 좋은 것 같을 때' 고민스럽다.

최종 후보지로 점 찍은 곳들의 수급 조건, 경쟁 강도 등이 모두 비슷한 조건일 때 어떤 요소로 각 지역을 비교할 수 있을까?

첫 번째, 개별 물건의 경쟁력이다. 예를 들어, 건물 컨디션 대비 월세가 얼마나 저렴한지, 역과의 거리나 동선은 어떠한지, 주차는 가능한지, 주변 임차 업종들은 무엇인지, 임대인이 지난 10년간 월세를 한 번도 안 올렸다는 얘기를 공인중개사에게 들었다든지 등의 요소들을 망라해서 세부 비교를 하는 것이다.

두 번째, 여기서부터는 '플러스알파'의 개념으로 이해하면 되는데 우선 음악 연습실은 예술의전당과 같은 공연 시설 또는 음대, 실용음악과, 예중 또는 예고 등이 주위에 있으면 더 잘 된다.

학교 내 자체적인 음악 연습실로는 그 많은 학생, 강사를 다 수용하지 못하므로 자연스레 수요가 외부에 있는 음악 연습실로 연결된다(이런 지역들은 월 단위 대여보다 시간 단위 대여가 훨씬 높은 수익률을 기록하기도 한다).

단, 이 부분은 플러스알파의 개념이므로 앞서 강조한 '창업 지역을 정하는 3단계 프로세스'를 통과한 다음의 얘기다. 어디까지나 기본적인 수급 경쟁력이 좋은 지역을 우선해야 하고, 그다음에 '이왕이면' 공연장, 학교, 대형 학원 등이 가까운 게 좋다는 것이다.

세 번째, 주거 시장과의 관계에 따른 내용이다. 음악 연습실의 월 단위 사용자 대부분은 해당 음악 연습실 인근에 거주하고 있다. 따라서 이사철에는 자연스럽게 음악 연습실 입주 문의가 많고, 사람들의 주거 이동이 없을 땐 덩달아 문의도 끊긴다. 즉, 음악 연습실 창업은 인구의 이동 흐름과 함께 하면 장기적으로 훨씬 유리하다. 다른 조건들이 비슷하다면 지속적으로 인구 전입이 많은 지역에서 창업하자.

인구 전입은 여러 부동산 사이트에서 확인할 수 있다. 대표적으로는 아파트를 전문적으로 다루는 사이트인 아실(www.asil.kr)과 호갱노노(www.hogangnono.com)가 있다.

앞으로 대규모 입주가 몰려있는 지역을 노려도 좋다. 예를 들

아실의 공급 물량

위치	단지명	입주년월	총세대수
경기 광명시	광명유승한내들라포레	2027년 11월	444세대
경기 광명 광명동	광명롯데캐슬시그니처	2027년 10월	1,509세대
경기 광명 광명동	광명자이힐스테이트SK뷰	2027년 7월	2,878세대
경기 광명 소하동	광명소하신원아침도시1	2026년 2월	144세대
경기 광명 소하동	광명소하신원아침도시2	2026년 1월	203세대
경기 광명 철산동	철산자이브리에르	2026년 1월	1,490세대
경기 광명 광명동	광명자이더샵포레나	2025년 12월	3,585세대
		총 세대수	10,253세대

- 출처: 아실

면, 서초구 방배동이나 동대문구 이문동·휘경동, 광명시 광명동 처럼 수천~수만 세대 이상이 입주하면서 배후세대 규모와 형질 이 180도 바뀌는 지역들은 주목할 만하다.

언급한 지역들은 모두 신규택지가 아니라 구도심 정비 사업이 기 때문에 신도시처럼 비싼 상가들만 있지 않다(분양 상가는 당연 히 비싸겠지만 주위에 저렴한 월세의 구축 상가 매물이 많다).

호갱노노의 전입 및 전출 증감률

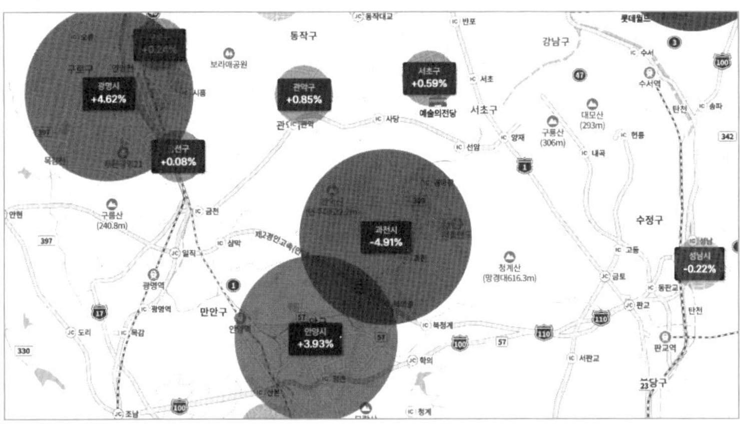

- 출처: 호갱노노

다시 정리해 보자면, 수급 조건이 비슷한 지역을 최종적으로 비교할 땐 주변 지자체에서 전입이 많은 지역, 정비 사업 등으로 배후세대(입주)가 늘어나는 지역, 인근에 음악 관련 시설이 있는 지역을 노리자.

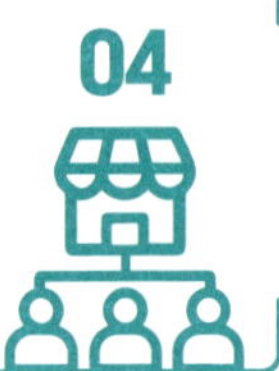

헛임장 예방법

이제 지역을 정했으니 본격적으로 건물을 찾을 차례다. 어렵게 생각할 것 없이 네이버페이 부동산에서 상가 매물을 보면 된다. 예전에는 해당 지역에서 오래 영업을 한 공인중개사사무소에 찾아가서 온라인 등에 나와 있지 않은 장부 물건을 찾기도 했었지만 요즘은 인터넷에 다 나와 있으니 처음부터 현장을 돌아다니며 고생할 필요는 없다.

앞에서 한 번 해보았으니 어렵지 않을 것이다. 네이버페이 부동산 화면에서 내가 정한 지역으로 이동한 후 상단 메뉴 중 '상가·업무·공장·토지'를 클릭한다. 자동으로 체크되어 있는 항목 중에서 토지와 지식산업센터를 체크 해제하고, 거래 방식은 '월세'를 선택한다.

다음으로 '면적' 메뉴에서 30~40평 정도로 설정하고, '층수'

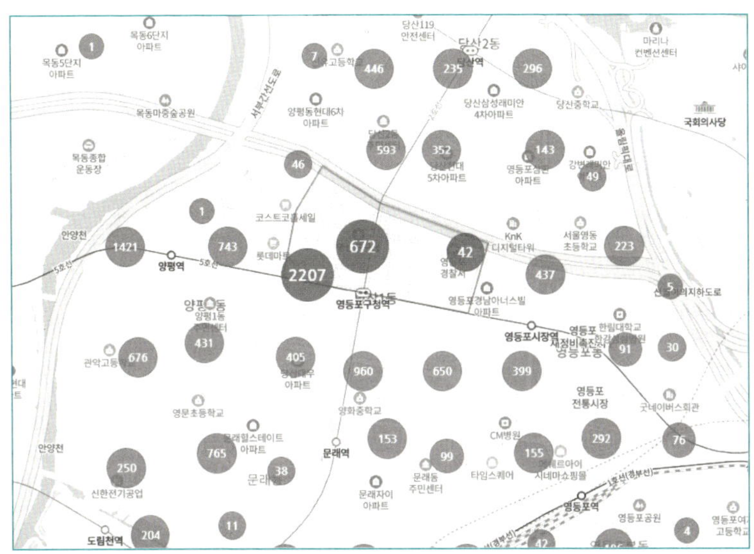

• 출처: 네이버페이 부동산

메뉴에서 '지하층'과 '지상층(1층 제외)', 2가지 옵션을 번갈아 보면서 확인한다.

이렇게 검색 조건을 설정하고 나면 수백~수천 개씩 보이던 매물이 5개, 10개 수준으로 확 줄어들 것이다. 여기서부터는 매물 하나하나를 전부 다 확인해야 한다. 역에서 거리가 몇 미터인지, 몇 년도 준공 건물인지, 주차 여건은 어떤지, 관리비와 평당 임대료는 얼마인지 등 최대한 많은 요소를 비교해야 한다.

그렇게 한 달 정도 해당 지역의 상가 건물 매물들을 보다 보면 시세에 대한 감이 확실하게 생기게 된다. 예를 들면, '아, 이 동네는 역 반경 300~500미터 범위인 구축 상가 지하층(또는 상층부)

월세 시세가 평당 4만 원 내외로 형성되어 있구나' 이런 식으로 말이다.

그렇게 시세 파악 겸 매물 모니터링을 틈날 때마다 하다 보면 어느 날 시세보다 훨씬 저렴하게 등록된 신규 매물, 또는 평균 시세지만 건물의 컨디션이나 다른 조건이 압도적으로 좋은 매물을 식별하게 된다. 그러한 매물이 바로 임장 대상 매물이다.

임장 체크리스트

임장 체크리스트는 다음과 같다.

① 실측 면적

② 실외기 설치 자리

③ 주차

④ 화장실

⑤ 입점 현황

⑥ 철거 상태

⑦ 역까지 소요 시간과 동선

이 중에서 특히 '실측 면적'은 여러 번 강조해도 모자랄 만큼 중요하다. 건물의 평수를 공부상 면적 그대로(네이버페이 부동산에 나와 있는 그대로) 받아들이거나 공인중개사가 얘기한 대로 믿고 계약하기도 하는데, 이후 시공 단계에서 정확한 실측을 해보면 전혀 안 맞는 경우가 꽤 있다.

전용 면적이 표면적인 평수보다 한참 작은 경우가 많다(심하면 30% 이상인 경우도 있다). 공간 구조에 따른 전용률은 해당 자리에서 음악 연습실 방을 1~3개 정도를 더 뽑아내느냐, 못 뽑아내느냐와 연결되고 이는 다시 수익성에 직결되므로 반드시 파악해야 한다. 추후 시공사와의 미팅 자리에서 "공인중개사가 몇 평이래요"라고 말하는 식이면 곤란하다.

상가는 개별성이 워낙 강하고 구조도 전부 상이한 만큼 꼭 '레이저 미터기'를 챙겨서 임장 때 내부의 가로 및 세로의 총면적이 몇 미터이고 기둥은 어디에 배치되어 있는지 확인해야 한다.

실측 후 대략적으로라도 손 도면을 그려두는 것이 가장 좋다. 여의치 않다면 레이저 미터기로 중요한 사이즈(내부의 가로와 세로 총면적 등)만이라도 파악한 후 현장 사진을 많이 찍어둔다.

실외기 설치 자리도 반드시 확인해야 한다. 음악 연습실에는 냉난방기가 기본 8대 이상 설치되므로 실외기 역시 많이 배치된다. 실외기 설치 자리가 마땅하지 않으면 배관비나 추가 설치비가 대폭 늘어나거나 심하면 아예 설치가 불가능하기도 한다.

관리단이 따로 있는 상가라면 관리단 측에 문의하면 되고, 그렇지 않으면 공인중개사를 통해 '임대인에게 직접' 확인하는 것이 가장 좋다.

다음으로 주차 자리, 화장실, 다른 층 또는 호실의 입점 현황을 확인해야 한다. 음악 연습실에 주차 대수 1대가 확정적으로 배정되는지, 아니면 유동적으로 주차해야 하는지를 파악한다. 화장실의 경우 단독으로 쓰는지, 아니면 공동으로 사용하는 다른 상가가 있는지, 또 관리 상태는 어떤지 확인한다.

건물 내 어떤 업종의 가게들이 입점해 있는지도 확인해야 한다. 방음 시공을 하고 나면 다른 층까지 소음 간섭이 없다고는 해도 건물에 스터디 카페, 고시원 같은 업종이 있다면 추후 발생할지도 모르는 민원, 분쟁이 부담스러운 게 사실이다.

임장 시 또 하나 신경 써야 할 점은 현재의 철거 상태다. 원상 복구가 제대로 되어있는지, 뜬금없는 자리에 가벽이 세워져 있거나 원하지 않는 등기구 조명이 잔뜩 설치되어 있는지 등을 확인한다. 철거가 덜 되어있다면 기존 임차인이 책임지고 원상 복구를 하기로 되어있는지, 아니면 임대인이 대신 처리하는지까지 확인한다.

비슷한 조건이라면 신규 임차인이 직접 철거비까지 들여야 할 건물을 선택할 이유는 없다. 물론 다른 모든 조건이 너무 마음에 든다면 철거비를 신규 임차인이 내야 하는 조건이더라도 감안할 수 있겠지만 말이다.

마지막으로 역까지 소요 시간과 동선을 살핀다. 음악 연습실이 꼭 역세권이어야 장사가 잘 되는 아이템은 아니지만 그렇다고 해서 역에서 너무 멀리 떨어져 있다면 지역 내의 동선, 접근성 측면에서 불리한 게 사실이다. 좋은 동선은 해당 지역의 주거 밀집지에서 지하철역까지 오가는 동선에 건물이 있는 것을 말한다.

정리하자면, 임장할 때 잘 파악해야 하는 요소로 실측 면적, 실외기 설치 자리, 철거 상태와 같이 수익성 또는 시공비와 연결되는 부분들이 하나의 큰 축이고, 또 다른 축은 주차 여건, 먼저 입점해 있는 상가들, 공용부 관리 상태 등 운영 편의와 연결되는 부분이다.

이런 것들 하나하나를 놓치지 않고 확인할 수 있어야 경쟁업체보다 압도적으로 유리한 입장에서 사업을 시작할 수 있다.

임대차 계약의 노하우

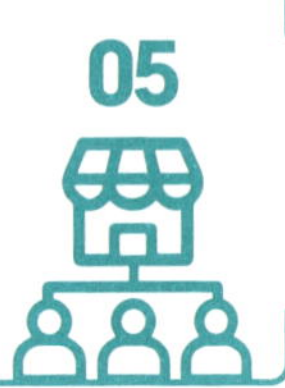

이전까지의 내용을 2줄로 요약하면 다음과 같다.

① 음악 연습실 창업을 하기 유리한 지역을 고르는 방법
② 해당 지역 내에서 경쟁력 있는 건물을 고르는 방법

책에서 제시하는 가이드에 따라 지역과 건물을 결정지었다면 그다음 차례는 임대차 계약을 온전하게 진행하는 것이다.

계약하면 하는 것이지 '온전한 임대차 계약'은 무슨 계약인지 의문일 수 있다. 필자의 경험으로 봤을 때 사업 경험이 없는 사람일수록 온전하지 못한 임대차 계약을 체결할 확률이 높다. 온전하지 못한 임대차 계약을 했다면 권리 안정성에 문제가 생겨 추후 원하지 않는 시점에 사업을 접고 건물에서 나가야 할 수도 있다.

온전하지 못한 임대차 계약의 대표적인 케이스는 '대리인 계약'이다. 계약하는 당일에 건물 소유주 당사자가 아니라 자녀 또는 건물 관리인 등 대리인이 나오는 경우가 많다. 이런 경우에는 소유주의 인감증명서, 인감증명서에 나와 있는 인감이 찍힌 위임장, 신분증, 대리인 신분증을 모두 받아야 한다. 그러나 책을 집필하고 있는 현재까지도 대리인이 소유주 신분증 또는 가족관계증명서 1장만 달랑 들고 나오거나 계약 현장에서 전화 통화 한 번 시켜주고 계약서에 서명 날인을 하려는 경우가 있다.

물론 실제로 소유주 건강상의 이유, 관련 서류를 지참하기 어려운 여건에 있다는 능으로 해서 불가피할 수도 있겠지만 계약 당일 현장 분위기에 휩쓸려서 그냥 계약을 해버린다면 추후 계약 내용 자체가 부정될 수도 있다. 따라서 소유주가 직접 참여하지 않는다면 대리인이 서류를 확실하게 구비할 수 있게끔 준비해 달라고 공인중개사에게 사전에 당부해야 한다.

이는 소유주가 2명이고(공동 소유) 지분이 각각 2분의 1인 상황에서 1명하고만 계약할 때도 마찬가지다. 참여하지 않는 다른 소유주의 인감증명서, 위임장, 신분증, 대리인 신분증을 받아야 하고 위임장에는 위임인 인적사항, 수임인 인적사항, 위임하는 권한의 내용, 차임 이체를 받을 계좌번호 등이 기재되어야 하며 인감증명서와 동일한 인감도장이 날인되어 있어야야 한다.

추가로 선순위 융자액 규모가 건물의 시세 대비 적정한지와

위 임 장

1. 위임인 인적사항
   성명 :
   생년월일 :
   주소 :
   연락처 :

2. 수임인 인적사항
   성명 :
   생년월일 :
   주소 :
   연락처 :

3. 부동산 표시(소재지)
   토지 :
   건물 :

위임인은 위 토지 및 건물 매매(임대)에 관한 권한 일체를 수임인에게 위임한다.

20   년   월   일

위임인 :   (인)

첨부 : 위임인의 인감증명서 1부

해당 건물이 정비 사업구역에 속해있는지 여부를 확인한다.

이 부분은 직접 확인하기 어려울 수 있으니 공인중개사에게 물어보는 것이 좋다. 참고로, 아직 구역 지정이 되지 않은 극초기 정비사업지(예정지)의 경우 10년 내 이주 및 철거가 되지 않을 확률이 훨씬 높으니 사업 중간에 나갈 걱정은 크게 하지 않아도 된다.

 그러나 추후 정비 사업 관련 정책이 또 어떻게 바뀔지 모르니 재개발 얘기가 계속 나오는 동네라면 보수적으로 생각하고 선택하지 않는 것도 방법이다. 내가 장사하는 기간에는 문제가 없겠지만 추후 언젠가 권리금을 받고 양도하기 위해선 다음 인수자에게도 충분한 운영 기간이 확보되어야 하는데, 해당 지역의 정비 사업이 급물살을 타기라도 한다면 시설비를 투자할 인수자를 찾는 게 어려워질 것이기 때문이다.

 계약 전 알아둬야 할 또 한 가지는 가계약 시점부터 본격적인 계약 절차가 시작된다는 점이다. 가계약이란, 본계약(대면하면서 계약서를 작성하는 계약 단계) 이전에 해당 매물을 찜해두기 위해 계약금 중 일부를 임대인에게 지급하는 것이다.

 가계약을 체결했다면 별다른 약정이 없는 이상 계약금 전체에 대한 몰수를 감안해야 일방 해제가 가능한 상태가 된다. 본격적인 절차로 들어선다는 얘기다. 그러니 가계약이라고 해서 쉽게 입금하지 말고 모든 거래 조건에 대한 협의를 끝내고 나서 가계약금을 이체하거나 그냥 최대한 빨리 본계약 일정을 잡아서 한 번에 끝내는 게 좋다.

 거래 조건에 대한 협의라고 하면 보증금이나 월세를 네고('협상'을 의미하는 'Negotiation'의 줄임말)하는 것부터 시작해서 렌트프리(무상 임차 기간)를 얼마나 받을 것인지, 관리비에 어떠한 내역을 포함할 것인지, 원상 복구 범위는 어떻게 되는지, 건물의 큰 하자가 발생하면 어떤 절차로 확인 및 보수를 해줄 것인지 등 많은 부분이 해당된다.

당연히 인기가 많은 지역, 건물이라면 임차인의 여러 가지 까다로운 조건을 수용할 임대인은 없다. 굳이 내가 아니라도 이 건물에서 사업하려는 다른 임차인이 많기 때문이다. 반대로 장기간 공실이었던 상가에 들어가는 상황이라면 임차인의 요구가 거의 다 받아들여지기도 한다. 그러니 상황에 맞춰 적절하게 요구하며 이끌어 가는 게 중요하다고 할 수 있다.

이러한 조건 협의는 본계약 현장에서 임대인에게 직접 얘기해 봐도 되지만 보통은 계약일 이전에 공인중개사를 통해 확인해 달라고 요청하는 게 일반적이다(협의를 원하는 조건들은 정리해서 한 번에 보내는 것이 좋다).

마지막으로 협의가 완료된 여러 사항을 계약서 특약사항에 서면화하는 것이 중요하다. 구두로만 얘기하고 넘어가면 서로의 생각과 기억이 달라서 추후 분쟁이 생길 확률이 높기 때문에 계약서에 명확히 기재해 두는 것이다.

공인중개사가 알려주는 부동산 소통 노하우

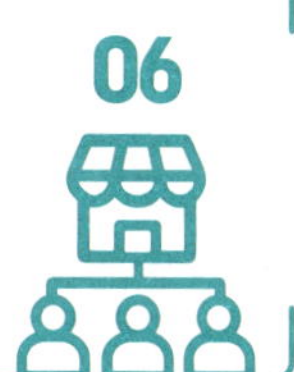

필자는 부동산 중개업을 현업으로 하는 공인중개사이기에 공인중개사사무소에서 일하는 방식이나 공인중개사들의 심리, 임대인들의 심리를 잘 알고 있다. 이들과 어떻게 소통하는지에 따라서 추후 사업 영위가 순탄할 것이냐, 그렇지 않을 것이냐가 결정되기도 한다.

좋든 싫든, 창업 과정은 사람 상대의 연속이니 공인중개사나 임대인과 협상하는 것부터 창업 후 건물 내 다른 임차인들과 좋은 관계를 유지하는 것 등의 소통 부분에 신경을 쓰는 게 좋다. 특히 지역의 공인중개사와 좋은 관계를 유지한다면 급히 필요할 때 관리 위임 등 많은 부분에서 도움을 받을 수 있으니 결코 가볍게 여기지 말자.

우선 공인중개사 입장에서 '상대적으로 더 자주 바뀌는 사람'

은 임차인이고, '상대적으로 덜 바뀌는 사람(나에게 지속적으로 이득이 될 사람)'은 임대인이다. 그래서 사익을 추구하는 일반적인 공인중개사사무소에서는 임대인에게 반감 사는 것을 경계할 수밖에 없다. 추후 물건을 받지 못하면 고정적으로 중개할 수 있는 매물의 수가 줄어들기 때문이다.

따라서 보증금이나 월세를 네고하는 것부터 무상 임차 기간을 얻어내는 것 등 임차인 입장에서 공인중개사에게 요구하는 모든 것들이 곧이곧대로 전달된다고 생각하지 말자. 임대인 성향에 따라 공인중개사 선에서 묵살되는 부분도 있기 마련이다. 그렇다면 우리는 부동산 거래를 어떻게 풀어나가면 좋을까?

공인중개사에게 요구하는 노하우

첫 번째, 아무리 마음에 드는 상가 건물을 봐도 크게 티를 내지 않는 게 좋다(속으로는 환호를 하더라도 말이다). 누가 봐도 그 매물에 사로잡힌 게 보인다면 결코 협상력을 높일 수가 없다. 그렇게 되면 그 어떤 요구사항도 받아들여지지 않을 확률이 높다. 굳이 안 들어줘도 결국 넘어올 사람인데 뭐하러 부수적인 요구까지 들어주겠는가?

두 번째, 의사를 확실히 결정지을 수 있는 조건 1~2가지를 공인중개사(또는 중개보조인)에게 전달한다. 가령 "현재 조건에서 보증금을 1,000만 원 낮추고 무상 임차 기간 한 달을 받으면 바로 계약금을 보내겠습니다"라는 식으로 말이다.

단, 요구사항이 받아들여졌음에도 의사를 철회한다면 해당 공인중개사는 난감해지므로 이후 좋은 매물을 소개받기는 어려울 것이다. 그러니 충분히 고민해 보고 '이러한 조건만 수용이 된다면 꼭 계약해야겠다'라는 판단이 확실해졌을 때 얘기하면 된다.

요구사항을 스무고개 하듯이 전달하면 안 된다. 예를 들어, 월세를 10만 원만 낮춰주면 계약하겠다고 해서 들어줬더니 이번에는 보증금을 내려달라고 하고, 그다음에는 특약을 넣어달라고 하는 것이다. 한 번에 다 전달하면 공인중개사가 알아서 처리해 줄 것이다. 이예 불가능한 부분으로 보인다면 딱 잘라 얘기해줄 수도 있다.

세 번째, 요구사항이 거절됐다면 계약을 포기할지, 아니면 거절을 감안해서라도 계약을 추진할지 고민해 본다.

만약 계약하기로 결정했다면 담당 공인중개사에게 "본계약 일에 임대인께 직접 한 번 더 정중히 요청을 드려보겠습니다"라고 얘기한 후 계약 당일 공인중개사사무소에서 대면할 때 적절한 타이밍에 얘기를 꺼내볼 수 있다. 어떨 때는 공인중개사를 통해서 요구사항이 전달되는 것보다 임차인이 직접 부탁할 때 더 잘 받아들여지기도 한다. 앞으로 본인 건물에서 사업을 할 신규 임차인에게 무정한 임대인이 되고 싶은 건물주는 별로 없으니까 말이다.

매물을 알아볼 때 주로 네이버페이 부동산을 통해 보겠지만 종종 직접 임장을 나가서 해당 지역에 있는 공인중개사사무소에 방문해 볼 수도 있다. 또는 네이버페이 부동산으로 매물을 보다가 궁금한 점이 생겨 해당 공인중개사사무소에 전화를 걸게 될 수도 있다.

이렇게 연락을 주고받게 됐다면 내가 원하는 조건의 매물을 구체적으로 알려주는 게 좋다. 일을 적극적으로 하는 공인중개사라면 좋은 매물을 찾았다며 꾸준하게 연락을 주기 때문이다.

의뢰할 땐 단순히 '음악 연습실을 하려고 상가를 찾고 있다'라는 식보다는 '지하철역(또는 해당 지역 내 주요 시설물) 반경 ○○미터 이내+○○평에서 ○○평 사이+평당 임대료 ○○만 원 정도+주차 1대 이상 필요' 등 구체적인 조건을 알려주면 매물을 찾아보기 편할 뿐만 아니라 이러한 정도의 의뢰 디테일이 있으면 공인중개사들은 적어도 '이 손님은 조건에 맞는 물건만 있으면 계약할 수 있는 단계에 있구나'라고 생각할 확률이 높다. 공인중개사 입장에서는 이왕이면 계약을 진행할 확률이 높은 사람한테 정성을 들이기 마련이다.

단, 너무 터무니없는 조건을 제시하면 안 되며 '노력해서 찾아보면 나올 수 있는 현실적인 조건'이어야 한다. 그 '현실적인 선에서 최상의 조건'을 스스로 알기 위해서라도 해당 지역의 상가 건물들을 모니터링하며 시세를 파악하고 있어야 한다.

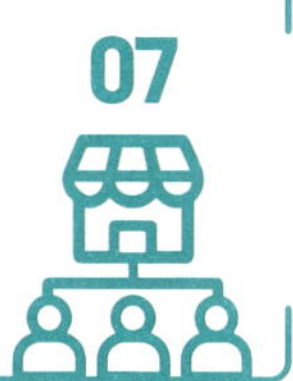

임대인과 좋은 관계를 유지하는 법

07

창업하고 나면 점포의 사장이 됨과 동시에 임대인과 관계를 맺은 임차인이 된다. 어떻게 보면 이 둘은 대립하는 관계처럼 보이지만 사실 임차인과 임대인은 서로가 서로에게 필요한 동업자 같은 존재이기 때문에 좋은 관계를 유지하는 게 좋다.

임대인에게는 보통 2가지 마음이 공존한다. 하나는 경제 주체로서 '돈을 벌고자 하는 마음'이고, 다른 하나는 '좋은 임대인이 되고자 하는 마음'이다(인간은 본능적으로 사회적 평판을 무척 중요하게 여기기 때문에 착한 임대인이 되고 싶은 마음이 있다).

가만히 생각해 보면 이 2가지 마음은 서로 상충한다. 그에 따라 임대인의 평소 언행도 왔다 갔다 할 수 있다. 그렇다 보니 '우리 임대인은 어떨 땐 참 사람 좋은 것 같다가도 어떨 땐 치사하고 고약한 것 같다'라는 생각을 하기도 한다.

임대인과 임차인 간에는 크고 작은 문제들로 서로 연락을 주고받게 되는데, 대부분 좋지 않은 일로 연락한다는 것이 문제다. 사업을 영위하는 동안 임대인과 마찰이 생기는 부분은 대부분 건물의 보수나 수리와 관련한 일이다.

사소한 문제이거나 누구의 관리 책임인지 불분명한 경우 일련의 과정이 번거로워서라도 점주(임차인)가 직접 해결하기도 하지만, 원인을 쉽게 특정할 수 없는 누수 등 구조적으로 문제가 생긴 경우 임대인에게 즉각적인 조치를 요청하게 된다. 그런데 대부분 "조금만 더 지켜봅시다"라며 미적거리거나 상대적으로 비용이 덜 들어가는 비전문가를 불러서 '최소한의 땜질식 조치'를 하는 바람에 이후에도 문제가 반복해서 발생한다.

이러한 과정에서 상호 감정적인 분쟁으로 이어질 때가 많고, 돌이킬 수 없는 관계 악화가 시작되기도 한다. 바로 이럴 때 우리는 앞서 얘기한 '좋은 임대인'이 되고자 하는 건물주의 니즈(Needs)를 활용할 필요가 있다.

우선 아무리 건물에 대해 안 좋은 말들을 쏟아 내며 임대인 측의 잘못을 지적하고 싶은 상황이 생기더라도 꾹 참고 임대인과 그 건물에 대해 '존중하는 태도'를 보여준다면 예상외로 좋은 반응을 끌어낼 수 있다.

음악 연습실이 상가주택 지하층에 입점했다고 가정해보자. 보통 그 상가주택 한 채가 임대인이 한평생 일궈온 전 재산인 경우가 많다. 그러니 그 건물에 대해 부정적인 얘기를 듣게 되면 마치 자기 자신 또는 자기 자식이 욕을 먹는 것으로 느낄 확률이 높다(스스로 의식하지 못하더라도 말이다).

그러니 원하는 것을 요구하기 이전에 먼저 건물과 임대인을 인정해주자. "선생님, 처음 왔을 때부터 느꼈지만 상가가 연식치고는 참 튼튼한 것 같아요. 건물 올리실 때 손수 설계를 하셨었나요?", "저도 열심히 살아서 언젠가 이런 건물 하나 가져보는 게 목표입니다" 같은 멘트로 말이다. 설령 멘트가 다소 인위적으로 느껴지더라도 누군가 자기의 삶을 인정해주면서 '좋은 임대인'으로 존중해 주는데 어떻게 싫어하겠는가? 기회가 될 때마다 한 번씩 그러한 얘기들을 해왔다면, 언젠가 건물에 관한 어떤 하자를 해결해 달라고 요청했을 때 임대인은 발 벗고 나서줄 확률이 높다.

또 한 가지, 임대인과 좋은 관계를 유지하는 팁이 있다. 매달 월세를 이체하면서 안부 인사와 함께 '요즘 영업 현황은 어떻고 우리 가게의 일상은 이렇다' 등의 내용을 가볍게 문자로 보내는 것이다(매달은 어렵다면 분기별, 반기별로 해도 된다). 내 건물에서 사업을 하는 임차인이 영업은 잘 하고 있는지, 특이사항은 없는지 등을 알려주면서 안부 인사를 꾸준히 하는데 싫어할 임대인은 없을 것이다.

이런 것들 하나하나가 임대인과 장기적으로 좋은 관계를 유지할 수 있게 해주는 요소다. 단순히 시설 보수, 수리 요구에 잘 응해주는 것만을 기대하는 것뿐만 아니라 추후 월세 인상에 대해 협의가 필요할 때도, 권리금 거래를 통해 점포를 정리할 때도 임대인의 협조가 필수적이기에 좋은 관계를 유지하기 위한 노력은 꼭 필요하다.

임대인의 숨은 니즈 파악하기

사업을 하면서 누구와 협상을 하게 되든 겉으로 드러나지 않은 상대방의 숨은 니즈를 파악해 보는 건 의미가 있다.

임대인과의 소통에서도 마찬가지인데, 임대인의 의사 표시가 실제로는 자신의 진의가 아닌 경우도 많다. 가령 사모님 또는 자녀 등 가족, 주변인의 영향을 많이 받는 임대인도 많다는 것이다. 이러한 경우 임대인 당사자보다 그 주변 사람들이 만족할 수 있도록 접근하면 쉽게 안 풀릴 것 같던 문제가 수월하게 해결되기도 한다.

필자가 재계약 기간이 도래해 임대인과 월세 인상에 관해 얘기를 나눴을 때 이야기로 예를 들겠다. 당시 임대인은 평소와 달리 너무 완강하게 기존 월세 대비 20%를 올려달라는 말만 되풀이했다. 법에서 규정하고 있는 내용과 무관하게 막무가내로 말이다.

법, 주변 시세, 판례 등 다양한 근거로 설득을 하려고 해도 전부 소용이 없었다. 평소 말이 안 통하는 임대인이 아니라서 의아했는데 가만 생각해보니 가족이 재계약할 때 금액을 올리라는 압박을 했을 수도 있겠다 싶은 생각이 들었다. 최초 계약 당시에도 가족의 피드백에 따라 의사 결정을 했던 정황으로 추정해보니 그럴 것 같았다.

필자는 계약서에 표시되는 명목 월세를 올리는 대신 그에 상응하는 만큼 관리비를 대폭 낮추는 안을 제안했고 그 제안이 받아들여져서 결론적으로 실질적인 비용 인상은 거의 없는 선에서 마무리 지을 수 있었다. 임대인은 명목적으로 월세를 인상했다는 점을 공표하는 게 중요했기에 다른 부분에서는 양보가 가능했다.

만약 계속해서 법을 들이밀고 따지면서 상호 감정적으로 진행됐다면 장기간 에너지 손해, 비용 손해가 발생했을 것이다. 임차인이 법적으로 유리한 게 사실이더라도 말이다.

다시 한번 말하는데 임대인과의 소통이나 협상은 임대차 계약을 체결하는 사업 초기에만 필요한 게 아니다. 사업하다 보면 언제든 임대인의 협조가 필요한 부분이 생긴다. 그러니 멀리 내다보면서 임대인과 좋은 관계가 유지될 수 있도록 노력하자.

음악 연습실 시공은
어떻게 할까?

"음악 연습실 방음 공사는 어디서부터 어떻게 하는 것이고 돈은 어느 정도 드는 건가요?"

많이 받는 질문 중 하나다. 창업을 처음 하는 사람이 가장 걱정하는 부분이 바로 인테리어, 시공이다. 사람들 대부분 상업시설 공사를 해보기는커녕 세부 공정에 대해 알아본 적도 없을 테니 걱정이 되는 게 당연하다. 게다가 음악 연습실은 방음 기능까지 충족해야 하니 더 그렇다. 정보가 부족한 상태에서 막연한 마음이 드는 건 자연스러운 현상이다.

누군가는 이 단계에서 인테리어 관련 책이나 자료 등을 섭렵하느라 시간을 오래 쓰기도 하는데 결코 그럴 필요까진 없다. 기본적인 내용만 알고 있어도 인테리어업체 또는 작업자들과 소통할 때 큰 무리가 없을 것이다.

각종 자재나 공정에 대해 구체적으로 이해하는 것보다 더 중요한 건 '큰 틀에서의 감'을 잡는 것이다. 어느 정도 감이 생길 때까지 다양한 업체 또는 개인(주로 반장 목수)과 현장에서 미팅해보고 세부 견적서를 받아볼 것을 추천한다. 최소 다섯 업체에서 열 업체 이상 상담을 받아봐야 전반적인 공사의 흐름, 사용되는 자재들, 적정한 견적 범위, 합리적인 결제 방식 등을 파악할 수 있을 것이다.

발주 방법에는 '턴키'와 '반셀프' 방식이 있다. 턴키(Turn key)는 '열쇠만 돌리면 모든 설비가 가동되는 상태로 인도한다'라는 뜻으로, 쉽게 말해 인테리어업체에서 처음부터 끝까지 알아서 진행해주는 방식이라고 생각하면 된다. 업체가 모든 공정을 관리, 조율, 지시하기 때문에 클라이언트 입장에서는 편리한 반면, 비용이 많이 든다.

'반셀프 방식'은 내가 직접 시공에 참여하는 '셀프 시공'까지는 아니지만 공정별로 업자를 섭외하고 일자를 조율하고 현장 감리를 하면서 진행 중 발생하는 특이사항도 전부 다 직접 처리하는, 말 그대로 반셀프인 방식이다. 마치 점주가 인테리어업체가 된 것처럼 각 작업자를 섭외해 진행하는 만큼 반셀프 방식은 턴키 방식에서의 마진에 대한 절감이 가능하다.

큰 폭의 비용 절감이 장점이지만 경험이 없는 경우 진행 과정이나 결과물이 만족스럽지 못할 가능성도 높기에 초보자에게 권고하긴 어렵다. 처음에는 적정한 견적을 제안한 업체에 전 공정을 맡기는 쪽으로 검토하기 바란다.

업체나 개별 작업자를 찾는 방법에는 여러 통로가 있는데 그중에서 생활 서비스 플랫폼 '숨고(www.soomgo.com)', 네이버 카페인 '인기통(인테리어 기술자 통합 커뮤니티)' 등에서 찾는 게 대표적이다. 각 사이트에서 공고를 등록해도 되고, 이미 등록된 업체 소개 글, 홍보 글을 보고 먼저 연락해도 된다. 또, 네이버 블로그 검색을 통해 오래전부터 시공 현장을 포스팅해온 업체를 찾는 것도 좋은 방법이다.

대략적인 가견적을 받는 수준에서는 사진이나 도면을 통해 유선 상담을 진행해도 되지만 정확한 견적과 세부적인 안을 짜기 위해선 꼭 현장 미팅을 해야 한다.

처음엔 전혀 감이 없고 대화할 때 무슨 말인지도 이해를 잘 못할 수 있지만 앞에서 언급한 대로 다섯 업체에서 열 업체 이상 현장 미팅을 하고 상담을 받아보면 어떤 업체가 합리적인 견적서를 써줬는지, 실력이 좋은 곳인지 스스로 판단할 수 있게 된다.

업체를 확정하는 과정에서는 계약서 작성을 요구해야 하는데 업체에서 미리 맞춰둔 계약서 양식에 구속받을 필요는 전혀 없고 직접 원하는 내용을 넣어달라고 해도 된다. 예를 들면, 진행 중에 특이사항이 발생해 추가 비용이 나온다면 어떻게 처리할 것인지, 결제 조건은 어떻게 할 것인지 등이다.

계약금과 중도금, 잔금은 최대한 나누고 잔금의 경우 전체 대금의 20% 이상으로 남겨두기를 바란다. 예를 들면, '계약금 10%, 1차 중도금 20%(착수 시점)→2차 중도금 20~30%(자재 발주 흐름에 따라 진행)→3차 중도금 20~30%(자재 발주 흐름에 따라 진행)→잔금 20%' 등의 식이다. 결제 조건이나 스케줄에 정해진 법은 없으므로 얼마든지 조율된다.

또한, 공사를 시작하고 나서 작업 내용이 추가되면 비용이 올라가기 마련이니 사소한 것들도 전부 사전에 조율해 놓아야 한다. '이런 건 알아서 해주겠지?'라고 생각하면 절대 안 된다.

방 내부, 복도, 입구 등의 구체적인 마감 방식은 물론이고 석고보드나 충진재의 구성(두께, 종류 등)부터 전기를 사용하는 모든 위치, 랜선 위치, 정수기 사용 위치, CCTV 위치, 도장 작업의 범위, 냉난방 형태, 타일 종류, 도어록 개수, 공간별로 사용하고 싶은 조명의 종류, 탕비실에 있었으면 하는 선반 하나하나까지 모두 다 얘기하고 표시해 둬야 한다.

스스로 '다 됐다'라는 생각이 들지라도 처음엔 어떤 부분이 빠졌는지 잘 모를 수 있으므로 업체 담당자, 작업자에게 빠진 게 없는지 확인해 달라고 두 번, 세 번 의뢰하면서 추가 비용이 나올 여지가 없게끔 해야 한다.

시공·인테리어 부분에서 크고 작은 상당수의 분쟁은 '예상치 못하게 늘어나는 비용' 때문에 발생한다. 따라서 사람의 손이 가야 하는 모든 부분에 대해 빠짐없이 사전 협의를 해야 하며, 최종적으로 계약된 견적 외에는 추가 정산을 할 수 없음을(또는 일정 조건에 따라 제한적으로만 가능함을) 명확히 해야 한다.

시공 순서 및 공정 이해

지금부터 음악 연습실 시공을 다루려고 하는데 통상적으로 이렇다는 생각으로 보면 된다. 뒤이어 나올 사진과 함께 참고하면 업체 및 작업자 소통에 도움이 될 것이다.

가장 먼저 철재 또는 목재로 벽체 및 천장 골조를 작업한다. 각 방을 나누고 벽을 세우는 과정으로 이해하면 된다.

골조는 철재로 해도 되고 목재로 해도 되는데, 견적은 작업의 용이성에 따라 철재가 저렴한 편이다. 대신 진동의 전달 측면에서 철재가 목재보다 불리하다는 것이 통설인데, 공사 완료 후 최종 방음 체감에 있어서 영향을 미치는 변수는 상당히 많으므로 골조 자재 자체가 방음과 방진에 얼마나 직접적인 영향을 미치는지 정확하게 따져보는 건 현실적으로 어렵다고 본다.

철재 또는 목재 골조 사이사이에는 충진재를 채우고 마감면으로 석고보드가 사용되면서 벽체가 만들어진다.

이러한 벽체 구조를 한 번 더 세워서 이중으로 만드는 더블리프 형태가 음악 연습실 칸막이 공사에 있어서 가장 적합하다. 그렇다고 해서 반드시 그렇게 해야 하는 건 아니고 현장마다 상황이 다르다. 싱글 벽체로 작업하는 음악 연습실도 많다.

한 가지 알아둬야 할 점이 있다. 벽체와 천장 공사를 진행하면서 동시에 전기 배선 작업과 냉난방기 배관 작업이 함께 진행된다는 점이다. 내부 마감 전에 각종 선 처리가 이뤄져야 하기 때문이다.

내선 작업

내부가 마감된 음악 연습실 방

이후로는 방 내부의 마감, 복도 마감, 조명 작업 등을 거치며 공사가 진행된다. 내부 마감재는 아트보드를 필두로 각종 흡음보드, 목재타공판 등이 사용되는데 각각의 장단점이 있긴 하지만 디자인적으로나 비용적으로나 보수의 용이성으로나 아트보드와 목재타공판을 사용하는 게 좋다. 아마 음악 연습실을 검색했을 때 가장 많이 보게 되는 마감 형태일 것이다.

참고로, 터닝도어, 충전재 등은 중고 제품으로 매입해서 시공하는 경우도 있다. 이들은 모두 사람의 손을 상시 타는 성질이

마감된 음악 연습실 복도

아니라서 사용감이 많이 나타나는 경우는 거의 없다. 따라서 중고 거래가 비교적 잦은 품목이라고 할 수 있다.

음악 연습실의 시공 현장을 보면 좀 더 이해가 될 것이다. 다음은 시공 현장에서 내선 작업과 목재 골조 작업을 할 때 찍은 사진이다.

시공 현장에서 충진재, 석고보드 작업을 할 때 찍은 사진이다.

다음은 타일, 도장, 방 내부 마감 등의 마감 작업 과정에서 찍은 사진이다.

3장
음악 연습실 ③

**만실 운영은
이렇게 한다!**

홍보는 상세페이지 제작부터 시작된다

공사가 시작됐다면 슬슬 음악 연습실 광고를 준비한다. 물론 광고 소재 등의 디자인을 위해서는 시설 사진이 필요하므로 완공 전에 모든 홍보를 시작할 수는 없다. 가능한 선에서 준비하면서 추후 사진들을 업데이트하면 된다.

기본적으로 음악 연습실을 소개하는 상세페이지를 하나 만들어야 한다. 상세페이지는 대표적인 음악 연습실 광고 사이트인 '퓰'에 등록할 때 사용하고 네이버 블로그, 플레이스에서도 부분적으로 활용하므로 필수적이다.

디자인에 재능이 없더라도 누구나 쉽게 상세페이지를 만들 수 있는 '미리캔버스'를 활용하면 간단하다. 미리캔버스(www.miricanvas.com)에 회원 가입 후 로그인을 하면, 우측 상단에 '새 디자인 만들기' 버튼이 나온다. 이 버튼을 클릭하면 '상세페이지'

• 출처: 미리캔버스

형식을 찾을 수 있다.

상세페이지 제작 페이지로 들어오면 좌측에 다양한 템플릿을 확인할 수 있는데 무료 템플릿을 사용해도 충분하다. 마음에 드는 템플릿을 고른 후 사진과 문구를 수정하고 다운로드 기능을 통해 JPG, PDF 파일로 출력할 수 있다.

상세페이지에는 시설 내외부 사진, 각 방의 사이즈, 도면, 가격 정보, 주소, 연락처 등이 들어간다. 정해진 형식이 없으므로 자유롭게 하면 된다. 잘 모를 땐 뮬의 '합주실/연습실' 메뉴를 참고해서 다른 업체들의 상세페이지는 어떤지 살펴보면 도움이 될 것이다. 아직 음악 연습실 사진이 없는 상태이기 때문에 이미지가 들어갈 부분들은 피아노, 악기, 마이크 등의 무료 이미지를 활용해서 우선 채워놓고 추후 교체한다.

혹시 상세페이지를 도저히 만들 자신이 없다면 전문가에게 맡겨도 된다. 상세페이지는 한 번 잘 만들어 두면 수년 이상 사용하므로 다양한 전문가를 찾을 수 있는 '크몽(www.kmong.com)' 등의 플랫폼을 통해서 디자인 전문가에게 외주 제작을 의뢰하는 것도 나쁘지 않다.

상세페이지를 제작했다면 뮬 사이트에 가입한 후 '합주실/연습실' 메뉴에 접속해 '글쓰기' 버튼을 누른다. 그다음, 내 가게의 주소와 연락처를 입력하고 제목을 작성한다.

제목은 '지명+○○월 ○○일 신규 오픈 예정+강점 (또는) 이벤트' 등으로 작성하면 된다. 예를 들어, '[은평구 연신내] 11월 15일 오픈 예정 / 주차 편리 / 오픈 이벤트 첫 달 할인'과 같은 식이다. 이 역시 정해진 게 아니므로 자유롭게 작성하면 되고, 등록된 다른 업체의 글들을 참조해 봐도 좋다.

참고로, 제목에 인근 지명도 몇 개 같이 쓰면 뮬에서 검색하는 사람들에게 더 많이 노출될 수 있다. '은평구 연신내'가 아니라 '은평구 연신내 불광 녹번' 이런 식으로 말이다. 그렇다고 해서 너무 많은 지명 키워드를 쓰는 경우 사이트 관리자에 의해 글이 삭제되거나 추가 제재를 당하게 되니 최대 3~4개 이내에서 사용하는 것을 권한다.

제목을 작성했다면 마지막으로 본문인데, 본문에는 제작한 상세페이지 JPG 파일을 그대로 업로드하면 끝이다. 참고로, 상세페이지 이미지를 통으로 첨부하지 않고 블로그 포스팅하듯이 '사진/텍스트/사진/텍스트' 식으로 작성해도 된다(그렇게 하는 음악 연습실의 글들도 많이 볼 수 있을 것이다).

글 작성을 완료했다면 6시간마다 한 번씩 내가 작성한 글에 들어가서 최하단부에 있는 '최신 글로 올리기' 버튼을 눌러 최신화하면 된다. 최신화를 하면 다시 '합주실/연습실'의 게시판 상단에 노출되므로 한 명의 입주자라도 더 빨리 모객해야 하는 오픈 초기에는 되도록 6시간마다 최신화를 해주는 게 좋다.

CS(Customer Service) 채널

음악 연습실 문의에 대해 응대하는 채널은 2개를 초과하지 않는 게 좋다. 예를 들면, '유선 연락처 1개와 카카오톡 플러스친구' 또는 '유선 연락처 1개와 네이버 톡톡'과 같은 식으로 2개까지만 운용하는 것을 추천한다.

메인 응대 채널로 카카오톡 플러스친구를 추천하는 이유는 메모 기능, 검색 기능, 즐겨찾기 기능 등을 통해 문의자들을 관리하기가 편하고 모바일 최적화가 잘 되어있기 때문이다.

앱스토어에서 '카카오톡 채널 관리자'를 검색하고 설치한 후 '채널 개설하기' 기능을 통해 채널 이름과 간단한 소개 등을 작성해 오픈할 수 있다. 응대 채널이 만들어지고 나서는 설정 또는 관리 기능으로 들어가서 '프로필 공개'와 '검색 허용' 버튼을 'ON'으로 바꿔줘야 한다.

만들어진 카카오 채널의 URL을 복사해서 뮬에 올리는 홍보 글

• 출처: 카카오톡

의 본문, 블로그에 추가해 활용할 수 있다. URL 대신 채널 검색명을 기재해 둬도 수요자들이 채팅 문의를 할 수 있게 된다.

참고로, 카카오톡 채널이나 네이버 톡톡 등의 채팅 문의 채널을 필수로 운영해야 하는 건 아니다(유선 연락처만 기재해 놓아도 전화 또는 문자메시지로 문의가 온다).

이렇게 상세페이지 제작, 뮬에 올릴 홍보 글 등록, 카카오톡 채널 등 채팅 채널의 생성까지 잘 따라왔다면 기본적인 준비는 된 것이다.

카카오톡 채널의 검색 허용

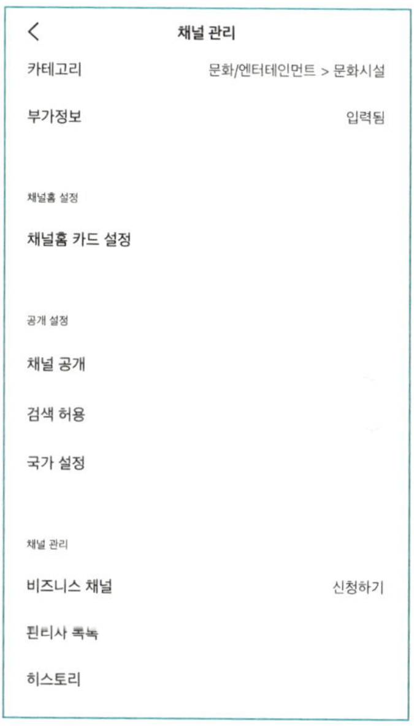

이어서 소개할 네이버 플레이스의 경우 최근까지는 음악 연습실 점주들에게 중요도가 떨어졌을지 모르겠지만, 앞으론 다른 업종과 마찬가지로 필수적인 요소가 될 것이므로 미리 준비하는 걸 추천한다.

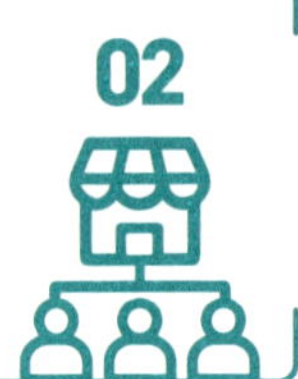

"소장님, 도대체 왜 음악 연습실들은 간판이 없어요?"

음악 연습실 중 간판이 있는 음악 연습실은 10곳 중 2곳이 채 안 된다. 이뿐만 아니라 네이버 지도에 본인이 운영하는 음악 연습실을 등록하는 사장님도 극소수다.

다른 업종들은 어떻게든 내 가게를 더 알리고자 간판을 추가로 설치하기도 하고, 생소한 로직 공부까지 해가며 네이버 지도에서의 홍보에도 진심인데 음악 연습실은 왜 이러한 노력을 하지 않을까?

기본적으로는 앞서 소개한 '뮬'이라는 강력한 커뮤니티 사이트 덕분이다. 이 사이트에 음악 연습실을 찾는 사람들이 다 모여있으니 뮬에 글 하나만 올려두면 딱히 간판을 달지 않아도, 네이버 지도에 업체 등록을 하지 않아도 손님들이 알아서 잘 찾아오기 때문이다.

그런데 상황은 점점 바뀌고 있다. 수요자들은 이제 뮬 검색 말고도 네이버 검색, 구글 검색, 인스타 검색 등으로 음악 연습실을 찾고 있다. 예전처럼 뮬 하나만 보지 않는다는 얘기다.

2020년 초반까지만 해도 문의 10건 중 9건이 뮬을 통해서 온 문의였다면 현재는 10건 중 5건 정도만 뮬을 통한 문의이고 나머지 5건 정도는 네이버 등 다른 채널을 통해서 오는 문의이다. 물론 아직 뮬을 통한 문의가 큰 비중이지만, 음악 연습실을 여러 개 운영하는 필자가 직접 체감하고 있는 것처럼 네이버나 다른 채널들을 통한 문의가 점점 더 늘어나고 있다는 점이 중요하다.

그러니 앞으로는 음악 연습실도 다른 업종들과 마찬가지로 네이버 검색 결과에 잘 노출되도록 관리해야 한다. 그중 대표적인 방법이 네이버 플레이스를 잘 관리하는 것이다.

네이버 플레이스에 업체 소개를 자세하고 가독성 좋게 해둔다면 검색 결과 상단에 내 음악 연습실이 노출될 확률이 높다. 네이버 지도에 등록하는 게 대단히 어렵거나 비용이 들어가는 게 아니므로 반드시 하길 바란다(네이버 플레이스의 정보를 관리하는 도구가 네이버 스마트플레이스다).

네이버에서 '스마트플레이스'를 검색한 다음, 클릭해서 들어가면 다음 페이지와 같은 화면을 볼 수 있다.

'업체 신규 등록' 메뉴를 클릭해서 업체 이름, 사업자등록번호,

• 출처: 스마트플레이스 홈페이지(new.smartplace.naver.com)

연락처 등 기본 정보를 입력한다. 이때 업종의 경우 '장소 대여'를 검색한 후 '장소 대여-일반'을 선택하면 된다.

다음으로 업체 사진, 세부 정보, 찾아오시는 길, 주차 정보 등을 입력할 차례다. 정해진 폼이 있는 건 아니지만 누구나 이해할 수 있을 정도로 쉬우면서도 구체적으로 기재하는 것이 가장 좋다.

네이버 플레이스에 등록하는 사진은 많으면 많을수록 좋다. 음악 연습실 현관 사진, 내부 사진, 화장실 사진, 옵션 사진, 그 외 디테일한 사진, 건물의 내외부 사진, 주차장 사진, 간판 사진, 로고 사진 등을 자유롭게 등록하면 된다.

사람과 사람이 만날 때도 첫인상이 중요하듯 네이버 지도에서도 첫인상이 중요하다. 첫인상이 되는 1번부터 5번까지의 사진이 중요하니 가장 어필하고 싶은 사진들을 앞 순서로 배치하도

기본정보　　부가정보　　가격정보　　휴무일·영업시간

비싼 기장료 아까운 사장님!
월 3만원 세무기장 놓치면 손해예요
더 알아보기 >

상세설명을 입력해주세요.

우리 업체를 고객들에게 자세히 설명해주세요.

0자 / 2000자

대표키워드를 적어주세요.

업체를 대표하는 메뉴명, 서비스명, 상품명 등을 단어 1개씩 입력해주세요. (최대 5개)

예) 짜장면(O) 짬뽕(O) 짜장면짬뽕(X)　　추가

0/15자

짜장면　　스테이크　　로스터리카페

• 출처: 스마트플레이스 업체 등록 화면

록 하자.

혹시 아직 공사 중이라 사진이 없다면 상호나 로고 이미지만 등록해 두고 추후에 추가하면 된다(어차피 네이버 플레이스 등록 신청 후 검수 단계에서 수일 이상이 소요되니 사진이 다 나올 때까지 기다렸다가 신청하지 말고 미리 해두는 것이 좋다).

사진, 정보, 찾아오시는 길, 부가 정보 등을 어떻게 입력해야 할지 도무지 감이 오지 않는다면 네이버에 '강남연습실', '서초연습실' 등을 검색한 후, 네이버 지도에서 상위 노출되고 있는 업체들이 어떤 식으로 입력했는지 참고해 보면 도움이 된다.

특정 채널에 대한 의존도를 낮추자

어느 사업이나 마찬가지지만 내 사업을 영위하는 데 있어서 특정 채널, 플랫폼에 대한 매출 의존도가 높다면 다소 위험한 구조라고 생각하면 된다. 음악 연습실을 예로 들어보면, 실수로 뮬 게시판의 이용규칙을 어기게 되어 글 등록을 못 하는 제재를 당했다고 해보자. 문제를 해결할 때까지 내 음악 연습실은 그 어디에도 노출이 되지 않을 것이다. 해당 기간 동안은 아무것도 못 해보고 음악 연습실을 찾는 손님들을 다 놓칠 수밖에 없다. 자체 페이지, 네이버, 카카오, 워크인 등 다양한 채널에 내 음악 연습실이 노출되도록 하는 게 좋은 이유다.

그중에서 네이버 지도는 관리하기 쉽고, 많은 이들이 메인 포털로 쓰고 있는 사이트에서 검색 노출이 잘 되기 때문에 1번으로 추천하는 것이다.

추가로 알고 있으면 좋은 플랫폼들

앞에서 언급한 것처럼 음악 연습실은 뮬과 네이버 지도에만 업체 등록을 해도 사업을 하는 데 큰 문제가 없다(물론 이 책의 내용대로 잘 이행해서 창업한 경우에 한정한 얘기다).

그럼에도 불구하고 본인의 음악 연습실을 더 알리고 싶은 사람들에게 홍보를 검토할 수 있는 플랫폼들을 소개하겠다. 유료 홍보 상품을 결제하지 않고 업체 등록만 해둬도 효과는 있다.

스페이스클라우드는 가장 널리 알려진 공간 대여 플랫폼 중 하나다. 시간 단위 대여만 운영이 가능하기 때문에 1~2개의 방을 시간 단위 대여로 운영할 계획이라면 입점(업체 등록)하는 것을 추천한다.

입점 절차는 네이버 지도에 업체 등록을 할 때와 마찬가지로 어렵지 않게 진행이 되니 시스템 가이드에 따라 업체 이름, 사진,

• 출처: 스페이스클라우드(www.spacecloud.kr)

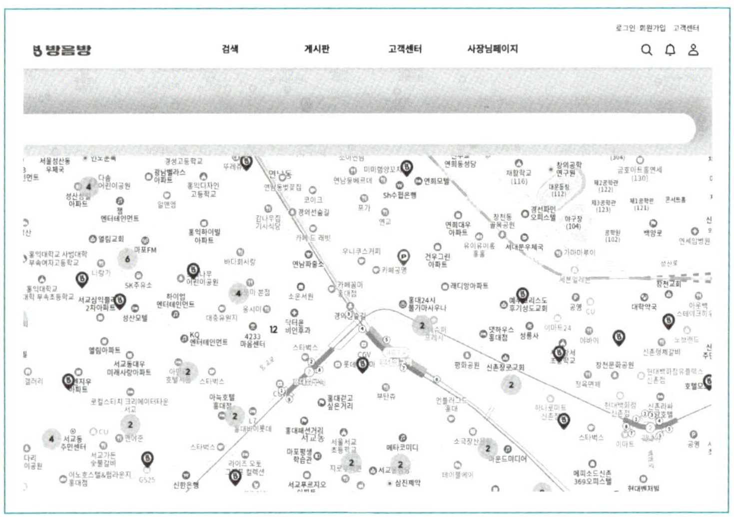

• 출처: 방음방(bub.searchroom.kr)

세부 정보 등을 입력하면 된다.

'방음방'이라는 사이트도 있다. 사이트 이름에 걸맞게 음악 연습실만 입점되어 있는 전문 플랫폼이다. 아직 이용객이 그렇게 많다고 볼 수는 없지만 업체 등록을 해두면 방음방을 통해서도 간간이 문의가 온다.

가끔 공실이 몰려서 생기는 상황에서는 1건의 문의도 소중하게 느껴질 수 있으니 미리 등록을 해두는 것도 나쁠 건 없다.

스페이스클라우드나 방음방 외에도 피터팬 카페(피터팬의 좋은 방 구하기), 당근(당근마켓) 등 음악 연습실을 알릴 수 있는 플랫폼은 많지만 각 사용자의 이용 목적이 분산된 플랫폼이다 보니 직접적인 홍보 효과는 미미하다.

*

혹시 이 책이 나오기 전에 창업을 완료한 기창업자 중에 입지 선정을 잘못한 결과로 만성 공실에 시달리고 있다면 지금 소개한 모든 채널, 플랫폼에 글을 등록하고 적극적으로 홍보 작업을 해야 한다. 본질적인 문제를 완벽하게 해결하는 건 어렵겠지만 하지 않는 것보단 훨씬 나을 수 있다.

압도적으로 운영이 잘 되는 음악 연습실들을 보면 항상 '입주 대기'가 걸려있다. 특정 음악 연습실에 입주하기 위해 수개월에서 1년 이상 대기를 하는 경우가 있다는 얘기다.

계속해서 대기 손님이 있는 음악 연습실이라면 가끔 공실이 나온다고 해도 바로 신규 계약이 체결되기 때문에 관리도 편하고 물가에 따른 점진적인 사용료 인상도 '어느 정도' 가능하다.

　이런 식으로 입주 대기가 생기는 음악 연습실로 확고히 자리매김하기 위해서는 당장 장사가 잘 되고 있다고 해서 '이미 만실인데 굳이…'라고 생각하지 말고 다양한 채널, 플랫폼에 내 음악 연습실을 홍보하며 널리 알려두는 게 좋다.

　추후 또 다른 새로운 플랫폼이 생겼을 때도 적극적으로 탐구하며 남들이 관심 없을 때 미리 입점을 해두는 자세로 임한다면 계속해서 입주 대기가 걸려있는 '음악 연습실 맛집'이 될 수 있을 것이다.

상황별 공실 대처 전략

"지난 몇 년간 공실이 거의 안 나왔는데 요즘 따라 계속 공실이 생기네요. 도대체 이유가 뭘까요?"

음악 연습실 사업을 하다 보면 공실 문제는 필연적으로 발생한다. 공간을 대여하는 모든 사업에 있어서 공실은 없다가도 있고, 있다가도 없는 것이기 때문에 일희일비하지 말고 적절하게 대처하는 게 중요하다. 공실이 나오는 원인과 대응법은 다음과 같이 3가지로 볼 수 있다.

첫 번째, 사이클상의 이탈이다. 사용자는 보통 특정 음악 연습실을 2~4년 정도 사용하다 보면 똑같은 연습 환경, 작업 환경을 바꾸고 싶은 욕구가 발생한다. 또한, 자의적 의사가 아니더라도 이사를 가면 음악 연습실을 이사 간 집 근처로 옮겨야 하기 때문에 주거 시장의 임차 사이클인 2~4년과도 연결되어 있다.

이런 경우 점주가 할 수 있는 방법이 거의 없다. 가격 할인이나 특정 혜택을 제공한다고 해도 이사 가야 하는 상황이나 스스로 동기부여를 위해 환경을 바꾸기로 한 결정을 돌려세우는 건 쉽지 않기 때문이다. 결국 음악 연습실에 문제가 생긴 게 아니므로 특별한 조치를 할 필요도 없다. 그저 창업 초기에 했었던 것처럼 음악 연습실 홍보 플랫폼에 글을 올리고 새로운 입주자를 모집하면 된다.

두 번째, 주위에 신규 음악 연습실 공급이 몰리는 경우다. 1곳의 음악 연습실은 호실(방 개수)로 치면 10개 내외, 건물 규모가 크다면 15~20개 이상도 나오기 때문에 순간적으로 지역의 수요 대비 공급이 많은 상황이 발생한다. 따라서 지역 내 가장 경쟁력이 약한 음악 연습실부터 차례대로 영향을 받게 되며, 도태되는 업장은 자연스레 공실이 늘어나게 된다. 이 경우 점주가 대처하는 방법에는 여러 가지가 있다.

우선 음악 연습실에도 '가격이 깡패다'라는 진리가 통한다. 가격을 25% 이상 낮추면 된다. 예를 들어, 원래 월 40만 원씩 받던 방이 자주 공실이 되고 있다면 일시적으로라도 30만 원 이하로 광고하는 것이다.

가격을 '확 낮추면' 신규 문의가 높게 증가한다. 단, 가격 경쟁력을 어필하기 위해서는 방당 가격을 낮춰도 수익성이 크게 훼손되지 않도록 애초에 고정비 최적화가 잘 되어있어야 한다는 전제 조건이 있다.

또 다른 대처 방법으로는 해당 지역에서 파트타임 단위로 대여하는 음악 연습실이 거의 없다면 해당 니즈를 충족시켜 주는 것도 경쟁력 강화에 큰 도움이 된다.

가령 어떤 수요자는 하루에 2~3시간 정도씩만 연습할 공간이 필요할 뿐인데 월 30~50만 원의 비용을 내고 통째로 월 대관을 하기엔 부담스러울 수 있다. '하루 2~3시간, 월 15~20만 원'의 파트타임제(특정 시간대에 고정적으로 단독 이용하는 사용 형태) 대여가 가능한 음악 연습실로 찾아갈 확률이 높다.

파트타임 대여를 하고 남는 시간에는 마찬가지로 다른 파트타임제 회원을 모객해도 되고 시간 단위 대여로 상시 운용을 해도 되니 점주 입장에서는 조금의 수고스러움만 감안하면 공실도 해결되고 수익률도 높아지는 것이다.

또한, 해당 지역 내 어쿠스틱 피아노를 제공하는 연습실이 부족한 경우 업라이트 피아노, 그랜드 피아노를 중고로 구입하거나 렌탈해서 배치해 두고 대관한다면 설령 다른 부분에서 경쟁력이 떨어져도 사용자들의 선택을 받을 수 있다.

이런 식으로 지역의 음악 연습실들이 현재 무엇을 못 해주고 있는지 잘 생각해보자. 공실을 해결할 수 있다.

마지막 세 번째, 시간의 흐름에 따른 자연스러운 관리 소홀(?)이다. 아무리 음악 연습실이 무인 운영에 최적화되어 있다고는 하지만 내 가게에 1년에 2~3번밖에 안 나가본다면 사용자들의 실제 불편함 등을 느끼기 어렵다.

사용자들이 퇴실할 때 불편사항들을 하나하나 피드백해주면서 나가는 일은 절대 없다. 실제로 특정 불편 때문에 금방 퇴실해도 그냥 '잘 쓰다 나간다'라는 말로 끝이다.

예를 들어, 매년 여름철에만 공실이 많이 생긴다면 혹시 비가 올 때 국소적인 누수가 있는 건 아닌지, 공용부 습기나 냄새가 심한지, 벌레가 많이 나오는지 등 이유를 적극적으로 찾아봐야 한다.

사용자들과 소통을 과하게 하려는 것도 문제지만 아예 안 하려고 하거나 관리 포인트를 지나치게 최소화하려는 것도 문제다.

결론적으로 음악 연습실에서 발생할 수 있는 공실 문제는 대부분 대응이 가능하다. 중요한 것은 갑자기 공실이 확 늘어나거나 평균 입실 기간이 줄어들거나 하는 특이점이 감지됐을 때 적극적으로 원인을 찾아야 한다는 것이다.

이유를 찾아 그에 따른 적절한 대응을 해나간다면 공실 기간이 길어지는 불상사를 방지하는 것뿐만 아니라 더 나아가서 오랫동안 경쟁력을 유지하는 음악 연습실이 될 수 있다.

잘 만든 계약서 하나면 운영이 10배는 쉬워진다

음악 연습실을 운영하다 보면 때로는 사용자들과 언쟁을 벌일 수도 있다(그래서 사용 계약서나 약관을 잘 설정해 두는 게 중요하다).

가령 사용자가 1년 계약을 하기로 해서 장기 계약에 대한 혜택으로 월세를 할인해줬는데, 2달 뒤에 갑자기 개인 사정으로 나가겠다고 하는 경우가 있을 수 있다. 물론 다시 입주자를 모집하면 그만이지만 퇴실 확인과 입실 세팅을 다시 해야 하는 수고로움도 있고, 또 혹시나 적절한 시기를 놓쳐 공실 기간이 길어진다면 고스란히 손실로 이어지는 것이기 때문에 점주 입장에서는 당연히 최소화해야 하는 이슈다.

지역에 따라서는 최악의 경우 한 번 입실 시즌을 놓쳤을 때 3~6달 이상 공실이 지속하기도 한다. 그래서 금방 퇴거할 사람을 받았다가 적지 않은 손해로 연결될 수 있다. 입실 문의가 몰릴 땐 남는 방이 전혀 없기도 하지만 중도 퇴실로 방이 남았을 때 이미 다들 다른 음악 연습실에 입실한 뒤라서 새 모객이 쉽지 않을 수 있다는 얘기다.

비단 중도 퇴거의 문제가 아니더라도 사용자가 시설을 훼손했을 때 원상 복구에 대한 부분, 건물 누수 등이 발생했을 때 보상 및 책임의 한계에 관한 부분, 현금영수증 발행 시 부가세에 대한 부분, 사용자가 개인 연습실 내부에 사업자 등록을 원할 때 처리 방법 등 사전에 결정하지 않은 다양한 문제로 계약 기간 중 언제든 분쟁이 발생할 수 있다.

이러한 부분들을 해결하는 방법은 최초 입실 때 작성하게 되는 계약서를 잘 만들어 두는 것이다. 문제가 될 수 있을 만한 부분들이 계약서에 명시가 되어있다면 왈가왈부할 일 100개 중 95개는 없어진다.

그런데 문제는 계약 때 계약서 내용을 세세히 보는 사용자가 비율적으로 적다는 것에 있다. 이 때문에 유사시 계약서 조항을 짚어주면 마지못해 수긍은 하지만 감정은 상하게 된다. 음악 연습실은 신규 고객으로만 장사하는 사업이 아니라서 퇴실할 때 감정이 상하면 결코 좋을 게 없다.

따라서 계약서는 최대한 명확하게 쓰고 주요한 부분에 대해서는 추가로 설명해 주는 게 좋다. 다음에 설명한 서식을 참조해서 활용해도 좋다(그대로 쓰지 말고 개별 업장의 특성을 반영해서 사용하기 바란다).

한글 파일 또는 PDF파일의 계약서 서식이 필요하다면 필자의 블로그[재재신 블로그 _ 돈 되는 이야기(blog.naver.com/leansystem)]에서 다운로드받을 수 있다.

연습실 사용 계약서(예)

○○연습실과 대관자는 다음과 같이 사용 계약을 체결하고 권리 의무를 규약합니다.

■ 대관 시설
서울특별시 ○○구 ○○동 ○○–○○번지, ○층 ○○연습실 ○번 방 및 제반 시설, 공용 시설

■ 계약 기간
○○년 ○○월 ○○일부터 ○○년 ○○월 ○○일까지(통상 6개월 또는 12개월 계약)

① ○○년 ○○월 ○○일부터 대관 개시되며 월 사용료 납부일은 매월 ○○일입니다.
② 대관자는 만료일 한 달 전까지(만료일 미설정의 경우 퇴거 예정 한 달 전까지) 계약 종료의 의사 표시를 카톡, 문자 등으로 관리자에게 통지해 주셔야 합니다. 한 달 전까지 미통지 시 또는 계약 기간 중 중도 퇴거하는 경우에는 보증금이 위약금으로 적용되어 일체 환급되지 않습니다.
③ 퇴거 예정이 확정되는 경우 대관자는 제3자인 입주 대기자에게 해당 대관 방을 잠깐씩 보여주는 일에 협조하고, 관리자는 입주 대기자의 방문 예정이 있는 경우 사전에 고지합니다.

■ 대관료
• 결제: 계좌 이체 ┃ 카카오뱅크 ○○○○ – ○○ – ○○○○
• 보증금 500,000원 ┃ 대관료 월 500,000원

■ 시설 사용 및 대관에 따른 준수사항
대관자는 대관자의 계약 내용 미준수로 인해 발생하는 모든 피해에 대해 전적인 책임을 지며, 관리자는 본 서면 및 평상시 공지 안내 등을 통해 관리 감독상의 의무를 이행합니다.

① 냉난방기 사용과 전기 사용에 각별히 유의하여 전원 관리 등을 꼼꼼히 하여야 합니다(외출 시 냉난방기 전원 OFF, 멀티탭에 멀티탭을 연결하는 문어발식 사용 금지 등).
② 연습실 내부, 건물 주차장, 화장실 등의 장소에서 흡연을 절대 금하며, 타인에게 피해가 되는 정도의 음주는 삼가해 주세요.
③ 대관자에게 원상 회복 의무가 있습니다. 입주 시점 관리자가 촬영해 놓은 사진, 영상 등에 기반해 훼손, 오염 상태를 확인합니다. 훼손, 오염 식별 시 통상의 견적을 보증금 및 대관료에서 차감하거나 별도의 손해 배상을 청구할 수 있습니다.
④ 연습실은 대관자의 수탁물에 대해 별도 관리하지 않으므로 사고·멸실·분실 위험이 있는 귀중품 보관을 금합니다.
⑤ 대관자는 연습실 사용 권한을 타인에게 임의로 양도 또는 전대할 수 없습니다.
⑥ 상시적 공동이용자(쉐어 등)의 경우 2인까지는 제한이 없으나 3인 이상부터는 이를 관리자에게 알리고 추가 대관료에 대한 협의가 이뤄져야 하며, 계약자 본인이 쉐어자 및 방문자에게 본 문서의 전체 사용 약관을 공유하여 이행하도록 안내할 의무가 있습니다.
⑦ 대관자의 사업자 등록은 원칙적으로 불가합니다.

■ **공동이용자 등의 손해 배상**

대관자 본인 외 공동이용자, 동행자(일행)의 행위로 인해 발생하는 모든 피해에 대해서는 대관자 본인이 직접 배상(사건 발생 후 14일 이내 현금 배상)하여야 합니다.

■ **기타**

① 본 계약서 내용 중 3회 이상 미준수한 사실이 있거나 3회 이상 민원 발생 시 마스터키로 대관 방의 비밀번호 변경 후 제3자에게 점유 이전하여 강제 퇴거 조치를 이행할 수 있습니다.

② 본 시설물 내외부는 보안, 안전상의 이유로 다수의 CCTV를 통해 녹화되고 있습니다. 관련법에 따라 관리되고 있으며 필요시 관리자는 영상기록을 확인할 수 있고 수사기관에 제출할 수 있습니다.

③ 본 연습실 대관 계약을 통해 수집된 개인 정보는 유사시 열람 외의 목적으로는 활용되지 않으며 퇴실 12개월 후 폐기됩니다. 불가피한 사정으로 사업장이 양도되는 경우 새로운 관리자에게 대관자의 성함, 연락처, 대관 기간 등을 인계할 수 있고 이 경우 관리자는 각 대관자에게 고지합니다.

④ 대관 계약 기간 중 불가피하게 필요한 경우 관리자 또는 대리인은 대관자의 대관 방을 마스터키 등으로 열어서 확인할 수 있습니다.

⑤ 본 서면에 명시되지 않은 사항은 일반 관례에 따릅니다.

2000년 00월 00일

○○연습실 관리자

성함:　　　　　(서명)

010 - 0000 - 0000

대관자

성함:　　　　　　　 (서명)

010 - ○○○○ - ○○○○

(대관자가 미성년자인 경우)

보호자

성함:　　　　　　　 (서명)

010 - ○○○○ - ○○○○

민원은 이렇게 해결하라

　음악 연습실을 잘 모르는 상태에서 막연하게 생각해 본다면, 음악 연습실은 24시간 내내 큰 소음이 날 것 같고, 그로 인해 점주가 각종 민원에 시달릴 수도 있을 것 같다.

　실제로 이와 같은 이유로 음악 연습실 창업을 주저하는 경우를 적지 않게 보는데, 결론부터 얘기한다면 걱정하지 않아도 된다.

　예를 들어, 주거밀집도가 굉장히 높은 다세대·다가구 밀집 지역에서 어쿠스틱 드럼 연습실 또는 합주실을 창업할 계획이 아닌 이상 (방음 공사가 제대로 되었다는 전제하에) 건물 외부에서 소음 관련한 민원이 들어오는 일은 없다고 봐도 무방하다.

　그렇다면 음악 연습실을 운영하면서 직접 처리하게 될 민원에는 어떤 것들이 있을까? 우선 민원을 처리하는 일 자체가 흔하지 않아서 '아주 가끔 발생할 수도 있는 이슈' 정도로 생각하고 그

종류와 대응 방법에 대해 가볍게 이해하고 넘어가면 되겠다.

첫 번째, 내부 사용자들 간에 발생하는 소음 관련 클레임이다. 소음 클레임이 외부가 아니라 내부에서 발생한다는 점이 의아할 것이다.

앞에서 설명했던 것처럼, 방음 시공을 한다고 해서 100% 방음이 되는 건 아니다. 건물 외부에서 들으면 거의 안 들리는 수준까지는 가능하지만 음악 연습실 내부에서는 방과 방 간 소음 및 진동 간섭이 전혀 없을 순 없다는 것이다.

특히 옆방 입실자가 미디(컴퓨터 음악)를 다루는 경우 모니터링 스피커에서 출력되는 소리가 거슬릴 수 있다. 스피커로 출력되는 드럼 소리나 베이스 기타는 단순 데시벨도 데시벨이지만 진동도 잘 느껴지는 점에서 더욱 신경이 쓰일 수 있다. 그렇다고 해도 본인의 연습 소리, 작업 소리에 가려지는 게 대부분이다.

그런데 각자 연습을 하는 시간과 쉬는 시간이 다르다 보니 점주에게 '옆방 소리가 너무 커요'와 같은 문자를 보내기도 한다. 이때에는 미디를 다루는 입실자에게 "다른 사용자분들을 위해 스피커 볼륨을 조금만 낮춰주시면 감사하겠습니다" 정도로 얘기하면 대부분 해결된다.

보통 미디 유저들은 작업하는 장르에 따라 차이가 있긴 하지만 필요 이상으로 소리를 키워놓고 작업하는 경우가 많다 보니 스스로도 인지하고 있어서 협조를 잘 해주는 편이다.

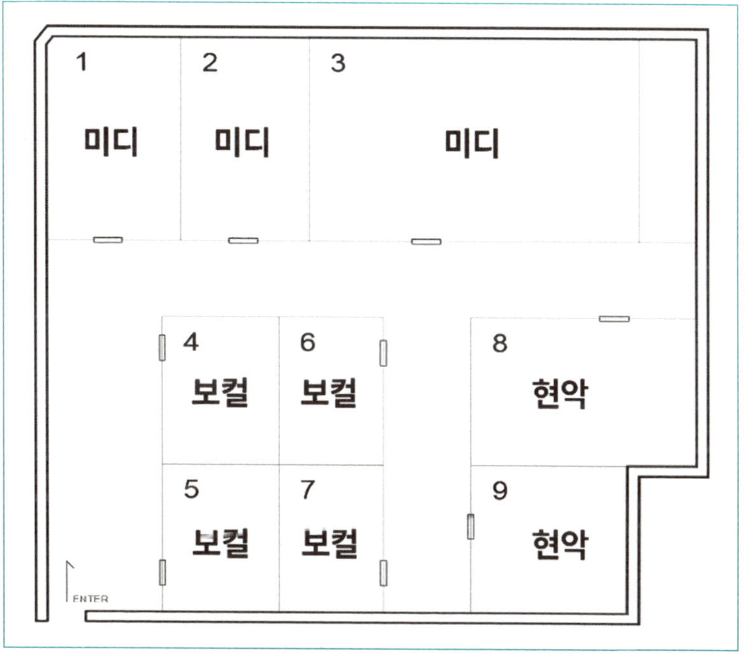

또한, 옆 방에서의 민원이 예상되는 악기들(관악기, 미디 등)은 처음부터 한 섹션에 모아서 입실하도록 기획하는 게 좋다. 옆 방들이 전부 미디인 경우 서로 크게 신경 쓰지 않고 자기 음악 작업을 하기 때문이다.

두 번째, 화장실을 건물 내 다른 입점 상가와 함께 공용으로 사용할 때 발생하는 외부 민원이다.

예를 들어, 음악 연습실이 지하에 있고 1층에 입점한 미용실, 공인중개사사무소 등과 함께 건물의 공용 화장실을 사용한다고 가정해보자. 음악 연습실은 방마다 1~2명의 사용자가 사용하기 때문에 방이 10개면 10~20명의 사용자가 해당 화장실을 상시 이용하게 된다.

수도세를 공용으로 납부하고 관리도 함께하는 다른 상가들 입장에서는 많은 인원이 화장실을 사용하는 음악 연습실이 기본적으로 미워 보일 수 있다. 이런 와중에 음악 연습실 사용자들이 화장실을 엉망으로 사용한다면? 처음엔 다들 어느 정도 참고 넘어가겠지만 결국 다른 상가 사장님들께 항의를 받게 된다.

화장실에 비치된 휴지통에 테이크아웃 플라스틱 컵 등 재활용 쓰레기를 마구 버린다거나 변기나 세면대에 음식물 쓰레기를 버려서 배관이 막힌다거나 하는 문제가 생기지 않도록 관리해줘야 한다.

음악 연습실 사용자들이 공용 화장실을 깨끗하게 사용할 수 있도록 분기별로 한 번 정도 정기 공지를 하거나 부착물 등을 통해 항상 상기할 수 있도록 하면 크게 문제가 생기지 않는다.

마지막 세 번째 역시 비슷한 맥락에서 발생하는 외부 민원이다. 흡연과 담배꽁초 문제인데, 1~2층 상가들 입장에서는 자기 가게 손님이 드나드는 주 출입구가 지저분해지는 문제이기 때문에 예민할 수 있는 부분이다.

만약 음악 연습실이 상층부에 위치해 있고 건물 옥상에 흡연 공간이 마련되어 있다면 가장 좋겠지만 그게 아니라면 사용자들에게 '건물 1층에서 흡연을 하시는 경우 출입구를 막지 않도록 유의하여 주시고 담배꽁초는 주차장 입구에 비치된 재떨이에 버려주시면 감사하겠습니다' 등의 안내를 주기적으로 하며 관리해 주는 게 좋다.

이 외에도 음악 연습실을 운영하다 보면 맞닥뜨릴 수 있는 내외부 민원이나 다른 변수가 얼마든지 있을 수 있겠지만 사실 이런 문제들은 음악 연습실이 아니라 그 어떤 사업을 운영할 때도 마찬가지다. 그러니 미리 걱정하지 말고, 언젠가 어떤 일이 생긴다면 그에 따라 적절히 대응하면 된다.

다행히 그 대응법은 선배 창업자들에게 물어보면 거의 다 명쾌한 답이 나온다. 물론 필자에게 물어봐도 좋다. 아는 선에서 성심성의껏 답변해 주겠다.

외주 관리를 활용해서 100% 무인 운영하는 노하우

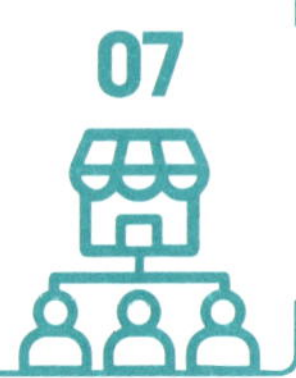

음악 연습실이 무인 운영에 최적화되어 있는 이유는 다음과 같다.

① 6~12개월 이상 이용하는 장기 사용자가 많음.

② 개인 방에 자신의 악기, 장비를 가져다 두고 사용하기에 사용자 스스로가 방을 잘 관리함.

③ 고시원처럼 공용부 시설(주방 등)의 관리 또는 다양한 생활 비품이 필요하지 않음.

이러한 특성에 따라 방이 다 차고 나면 운영자가 크게 할 게 없다. 일주일에 한두 번 들러서 재활용 쓰레기를 배출하고 복도, 화장실 등을 간단히 청소하는 정도면 평상시 관리로 충분하다.

물론 종종 사용자 퇴실이 발생하기 때문에 퇴실 후 방 확인이나 청소, 새로운 사용자 모집 등의 일 처리가 필요하지만 시간 단위 대여 또는 일 단위 대여를 주로 하는 게 아니라서 그러한 일들이 수시로 발생하진 않는다.

공실이 생겼다고 해도 앞서 얘기한 것과 같이 음악 연습실을 찾는 수요자들이 보는 플랫폼은 정해져 있으므로 1~2개의 채널에만 공실 업데이트를 해두면 그만이다.

결론적으로 음악 연습실 운영에 있어서 평시 관리가 필요한 부분은 재활용 배출과 복도 청소 정도인데, 이 부분을 외주로 돌린다면 점주는 가게에 들를 일이 서의 없게 된다.

전문 청소 업체에 의뢰한다면 주 1~2회 관리 조건으로 한 달 12~20만 원 내외로 청소 업무를 위임할 수 있다. 더 나아가서 세부적인 계약 내용에 따라 퇴실이 발생했을 때 공실 청소 등도 맡길 수 있다.

요즘에는 당근 등 직거래 플랫폼에 구인공고를 등록해서 매장 주위 거주민에게 청소 관리를 위임하기도 한다. 이 경우 업종에 따라 시세가 다르지만 음악 연습실은 1회당 10,000~15,000원으로 형성되어 있다. 주 1회라면 한 달에 40,000~60,000원으로 청소 업무를 해결할 수 있다.

만약 청소 업무를 맡긴다면 처음 한 번은 현장에서 함께 청소를 진행하면서 인수인계를 하고, 이후에는 간단한 매뉴얼(텍스트 또는 이미지)을 만들어서 전달해주면 된다. 청소 업무를 맡길 때 전달하는 청소 전달사항의 예를 정리해봤다.

- 서울 서초구 서초동 ○○○번지 ○○상가 ○○○호
- 현관 도어록 비밀번호 ○○○○
- 3층 화장실 도어록 비밀번호 ○○○○

① 화장실 청소
- 바닥, 도기 등 거품 클리너 분사 후 20~30분 뒤(청소 종료 후 가시기 전) 물 세척
- 특별한 오염이 보이는 경우 솔 청소
- 화장실 휴지통 비우기
② 연습실 복도 창문 열기
③ 복도 청소
④ 재활용 배출 및 재활용 쓰레기통 닦기(청소포)
⑤ 전자레인지, 정수기 닦기(청소포)
⑥ 종이컵 등 비품 채우기(위치: 로비 캐비닛)
⑦ 연습실 복도 창문 닫기
⑧ 신발장 정리, 슬리퍼 정리
⑨ 청소기 먼지 통 비우기(한 달에 1번)

※ 청소용품, 비품이 떨어진 경우 관리자에게 알려주시면 감사하
겠습니다.

※ 기타 특이사항이 식별되시는 경우 관리자에게 알려주시면 감
사하겠습니다.

※ 긴급 연락은 010 - ○○○○ - ○○○○ 번호로 전화 부탁드
립니다.

청소업체든, 당근에서 구하든 이런 식으로 청소, 관리 업무를
위임하는 형태가 일반적이다. 예전의 독서실 총무처럼 음악 연
습실 방 1개를 무상으로 내어주고 정소나 손님 응대 등을 전부
위임하는 경우도 있다. 각자 상황에 맞춰 결정하면 된다.

처음엔 내 가게를 남의 손에 맡긴다는 게 쉽지 않을 수도 있
다. 필자도 처음엔 그랬으나 더 생산적인 일을 하기 위해서 외주
를 활용하는 건 보통 괜찮은 선택이 되는 것 같다. 내가 하나하
나 다 하면 더 잘 할 것 같지만 그건 착각일 수 있다. 막상 누가
하든 크게 차이가 나지 않는 영역이라면 레버리지를 적극적으로
활용해 보기를 권고한다.

공간 대여 사업을 점점 확장해 나가기 위해서는 내가 모든 점
포의 모든 업무를 일일이 다 할 수는 없는 일이다.

자주 사용하는 응대 문자

음악 연습실의 개별 환경이나 점포의 특성에 따라 달라질 수 있지만 음악 연습실 사용자들에게 주로 응대하는 내용은 중복되는 경우가 많으므로 다음의 텍스트 템플릿을 참고해서 활용해 보자.

다음 내용 외에도 자주 받는 질문에 대한 답변 등에 대해 일정한 형식을 만들어 두면 그때그때 일일이 작성해서 답변하지 않아도 되기 때문에 응대가 한결 편해질 것이다.

음악 연습실 공실 문의를 받았을 때

안녕하세요. ○○연습실입니다. 공실 안내하여 드립니다. 문의 사항은 언제든 편히 연락 주세요.

- 2.5×2.5미터 중형 룸 1개 공실 예정

- 다음 달 10일 이후 입주 가능

- 1개월 단위 계약 월 45만 원 / 6개월 단위 계약 월 43만 원 / 12개월 단위 계약 월 41만 원

- 보증금 1개월분 월 사용료

- 4.5×3미터 대형 룸 1개 공실 예정

- 다음 달 15일 이후 입주 가능

- 1개월 단위 계약 월 65만 원 / 6개월 단위 계약 월 62만 원 / 12개월 단위 계약 월 59만 원

- 보증금 1개월분 월 사용료

※ 건물에 주차가 가능합니다.

※ 사용자 2인(쉐어)까지는 비용 추가가 없습니다.

※ 방문 예약 및 기타 문의는 아래 번호로 메시지 남겨주시면 감사하겠습니다.

010 - ○○○○ - ○○○○

입주 희망자가 직접 시설을 둘러볼 수 있도록 안내할 때

- 주소: 서울시 강동구 성내동 ○○○번지(○○편의점 건물) 2층

- 주차: 차량 이용하시는 경우 건물 지하주차장을 이용하실

수 있습니다(만차 시 인근에 유동적으로 주차 부탁드립니다).

• 입장: 2층 ○○연습실 도어록 비밀번호는 ○○○○입니다
(외부 공유 및 유출 금지).

• 연습실 확인
- 2층 현관 앞에 비치된 실내화로 갈아신어 주세요.
- 1번 방이 공실 예정이며 도어록 비밀번호는 ○○○○입니다.
- 연습실을 보신 후 복도 불은 끄지 마시고 그대로 두세요.
- 화장실은 반 층 아래(1.5층)에 있으며 도어록 비밀번호는 ○
○○○입니다(외부 공유 및 유출 금지).

• 계약 절차
- 계약은 보증금(1개월분 사용료) 결제 순서로 확정됩니다.
- 계약을 희망하시는 경우 원하시는 계약 기간과 입주 희망
일자를 알려주세요.
- 관리자가 계약서를 작성하여 카톡, 메시지 등으로 송부해 드
릴 예정입니다.

• 기타: 문의 사항은 아래 연락처로 연락 부탁드립니다.
010 - ○○○○ - ○○○○

안녕하세요. ○○연습실입니다. 입주 및 사용 개시 관련 안내사항 보내드립니다. 더 자세한 사항은 계약서 내용을 참조하시어 사용간 이행을 부탁드립니다. 감사합니다.

• 비밀번호

- 2층 현관 및 화장실 도어록 비밀번호 ○○○○

- 1번 룸 비밀번호 ○○○○

- 1번 룸 비밀번호는 변경 후 사용 부탁드립니다[도어록 후면 변경 버튼을 누르신 후 '숫자 4자리+별(*) 버튼'으로 설정 가능].

• 이사 및 운반 유의사항

- 저희 연습실에서 사용하는 시스템 도어는 가로 내경이 75센티미터입니다. 혹시 완제품 대형 가구 등을 운반하실 계획이 있으시다면 반입이 불가할 수 있으니 사전 실측 부탁드려요.

- 입주 및 퇴거 시 시설 훼손에 유의하여 주시고 특이사항 발생 시 관리자에게 즉시 연락해 주세요.

• 기타 주요사항

- 부재 시, 외출 시 냉난방기 전원 OFF 부탁드립니다.

- 음식물 쓰레기는 배출은 불가하오니 내부 취식 시 음식물이

남지 않도록 유의해 주세요.

- 화장실은 건물 내 공용으로 사용하는 타 입점 상가를 위해 청결히 이용하여 주세요.
- 연습실 내부에서는 외부 신발을 착용하실 수 없으니 비치되어 있는 실내화를 이용해 주세요.
- 퇴실 시 입주 시점의 촬영 사진 또는 영상과 대비하여 시설 훼손 여부를 판단하오니 참고 부탁드립니다.
- 사용 약관, 주요 안내사항, 상시 공지사항 등은 쉐어자 및 방문자에게도 안내하여 주세요.

• 겨울철 화재 및 동파 피해 예방을 위한 안내

- 멀티탭의 문어발식(멀티탭에 멀티탭 연결) 사용을 지양하여 주시고, 멀티탭 주위에 가습기를 배치하지 말아주세요.
- 별도로 개인 난방 기구를 이용하시는 경우 전원 관리 및 사용에 각별한 주의를 부탁드립니다.
- 겨울철에는 화장실 동파 방지를 위해 출입문을 잘 닫아주세요.
- 최저 기온이 영하 15도 이하인 날에는 화장실 수도가 틀어져 있을 수 있으니 물이 완전히 잠기지 않도록 유의해 주시면 감사하겠습니다.

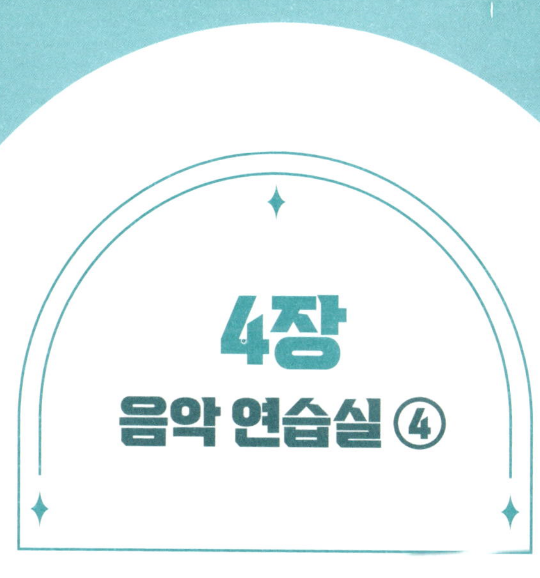

월 1,000만 원
파이프라인을 만들자

음악 연습실만으로
월 500~1,000만 원 현금 흐름 만들기

프롤로그에서 밝혔듯이 필자의 1차적 목표는 출퇴근하지 않고도 한 달에 500~1,000만 원의 현금 흐름을 만드는 것이었다.

보편적인 30평대 무인 음악 연습실 1곳을 기준으로 월 200만 원 내외의 순수익이 발생하는데(월 300~400만 원의 순수익이 남는 경우도 많은데 보수적으로 잡았다) 그렇다면 월 500만 원 이상의 수입을 만들기 위해선 음악 연습실 1곳으로는 부족하고 2곳 또는 3곳을 운영해야 한다는 결론이 나온다.

만약 필자와 같이 월 500만 원 이상의 안정적인 현금 흐름을 만들고자 한다면 1호점 창업에 그치지 말고 다시 한번 최대한 빠르게 돈을 모아서 2호점, 3호점을 창업해야 한다.

3장까지의 과정을 통해 1호점을 성공적으로 창업했다면 1년에 2,000~3,000만 원의 영업이익이 발생할 것이기 때문에 생각보다 더 빠르게 2호점 준비를 시작할 수 있다(실제 음악 연습실 창업을 컨설팅하다 보면 1호점을 낸 지 1년도 안 돼 2호점 준비를 시작하겠다고 하는 사장님들이 다수다).

이쯤에서 의문이 들 수 있다. 아무리 무인 음악 연습실이라고는 하지만 2곳, 3곳를 함께 운영해도 문제가 없을까?

결론부터 얘기하자면 대부분 별문제가 없다. 청소를 직접 한다고 해도 매장당 일주일에 1~2번 들르는 것이기 때문에 불가능한 스케줄이 아니다.

단, 문의 전화, 문자가 2~3배로 늘어나는 것과 입실 및 퇴실 처리가 잦아지는 부분은 다소 부담스러울 수 있다. 특히 각 매장이 서로 가깝지 않으면 더욱 그렇다(그래도 매일 매장에 나가 손님과 대면하며 영업을 하는 업종들과 비할 바는 아니다).

이를 가장 쉽게 해결하는 방법은 역시 외주 관리를 활용하는 것이다. 청소 업무 한 가지만을 위임해도 부담이 대폭 줄어든다.

더 나아가서 음악 연습실 1곳당 총무 1명씩을 뽑아서 방 1개를 무상으로 내어주거나 사용료를 50~70% 할인해 주는 조건으로 문의 응대, 입실 및 퇴실 관리를 맡긴다면 점주는 아주 가끔 발생하는 특이사항들에 대해서만 대응하면 된다.

총무를 활용해 음악 연습실을 확장한 사례

20대 H는 수년간 아르바이트를 통해 열심히 모은 돈으로 서울에 음악 연습실 1호점을 창업했다. 1호점 창업을 완료하고 나니 아르바이트 월급과 음악 연습실에서 들어오는 수입이 합해져서 돈이 모이는 속도가 2배가 됐다.

1년 6개월 뒤 그리 멀지 않은 곳에 2호점을 차렸고, 여전히 아르바이트는 그만두지 않았었기 때문에 2호점은 전담 총무를 채용해서 운영했다.

대부분 '내가 직접 관리하는 것보다 훨씬 못할 테고 여러 가지 문제도 많이 생길 것 같다'라는 생각에 외주 관리를 꺼리지만 H는 필자의 조언에 따라 과감하게 시도했고 결과적으로는 2호점의 월수입이 30~40만 원 줄어드는 대신 전체적인 순수익은 200만 원 이상 늘어났다. 무엇보다 연습실을 1곳만 관리하던 때와 다르지 않은 체감으로 연습실 2곳을 운영할 수 있게 됐다.

2호점까지 오픈하니 돈이 모이는 속도는 더욱 빨라졌다. 게다가 이번엔 사업자 대출까지 활용해서 9개월 만에 3호점을 오픈했다. 3호점 역시 최초 만실이 된 후에는 총무를 뽑아서 관리를 맡겼고 그에 따라 레버리지 효과는 점점 더 커졌다(현재는 하던 일을 그만두고 4호점을 준비하고 있다).

H와 같은 방식으로 11곳의 음악 연습실을 운영하는 지인도 있다. 물론 관리하는 매장이 늘어날수록 아무리 지점마다 총무를 둔다고 해도 역부족일 수 있으므로 어느 시점부터는 총괄하는 직원을 구하는 것을 고려할 수 있다. 직원 관리까지 감당하기

는 벅찰 것 같다면 그 이전 단계까지만 확장하면 된다.

필자는 특별히 다른 일을 하지 않고 있다면 혼자서 매장 3곳까지는 최상의 컨디션으로 관리할 수 있다고 본다.

설령 음악 연습실을 부업으로 할 계획이라고 해도 2~3곳 정도는 H의 사례처럼 총무를 활용해서 효율적으로 운영할 수 있다. 따라서 의지가 있다면 누구나 3년 안에 음악 연습실만으로 월 500~1,000만 원 현금 흐름 만들기를 달성할 수 있는 것이다.

다시 강조하지만 이런 정도의 아웃풋은 전혀 대단한 성과가 아니다. 필자가 그랬고, 또 다른 많은 이들이 해냈던 것처럼 당신도 충분히 할 수 있다.

시간 단위 대여 운영으로 매출을 극대화하라

음악 연습실을 찾는 소비자(사용자)들을 크게 구분해 보자면, 연습실 사용 형태에 따라 둘로 나눌 수 있다. 월 단위 대여를 주로 이용하는 사용자와 시간 단위 대여만 이용하는 사용자다.

월 단위 대여 음악 연습실을 찾는 사용자들은 보통 큰 악기를 다루거나 사용하는 음향 장비, 미디 장비가 많아서 개인 방에 악기와 장비를 가져다 두고 그 방을 전담으로 사용하고자 한다.

반면, 시간 단위 대여 사용자의 경우 별도의 개인 장비가 딱히 필요하지 않은 노래 연습 및 레슨, (들고 다니기 편한) 악기 연습 및 레슨, 연기 연습 및 레슨 등을 하는 사용자다.

음악 연습실에 매일 오가며 고정적으로 사용하는 게 아닌 이상 필요할 때 그때그때 예약해 사용하는 게 더 경제적이므로 시간 단위 대여 사용자들은 굳이 월 단위 대여를 할 필요가 없다.

음악 연습실을 운영하는 우리 입장에서도 월 단위 대여와 시간 단위 대여가 각각 장단점이 다르므로 창업을 완료한 음악 연습실이 만실이 되기 전에 차후 운영 형태를 결정해야 한다. 만약 모든 방을 월 단위 대여로 내어주게 되면 시간 단위 대여로 운영할 방이 남지 않기 때문에 1~2개의 방이라도 시간 단위 대여로 운영할 계획이 있다면 그 방은 남겨두고 나서 월 단위 대여로 대관해야 하는 것이다.

시간 단위 대여의 장단점

기본적으로 방마다 최대 매출을 내고자 했을 때 유리한 쪽은 월 단위 대여보다 시간 단위 대여다.

예를 들어, 월 40만 원에 월 대여를 할 수 있는 방 1개를 시간 단위로 운영한다고 하면 일 평균 3만 원(시간당 5,000원×6시간)의 매출만 내도 월 90만 원이 된다. 물론 모든 음악 연습실이 일 평균 3만 원의 시간 단위 대여 매출이 나올 수 있는 지역에 있거나 컨디션이지 않기 때문에 단순 가정이지만 말이다. 일 평균 6시간이 아니라 그 이상으로도 판매할 수 있는 지역이라면 영업 이익은 그만큼 더 올라간다.

수익 측면에서만 보자면 시간 단위 대여로 운영하는 게 좋아 보이지만 단점도 있다. 가장 큰 단점은 관리 편의가 떨어진다는 점이다.

자신의 악기, 가구 등을 직접 가져다 두고 개인 방을 관리하는 월 단위 대여 사용자는 '내 공간'이라는 인식을 두고 사용하는 반면, 시간 단위 대여 사용자는 보통 그렇지 않기 때문에 시설이나 기자재의 훼손이 종종 발생할 가능성이 높다. 게다가 예약 관리, 리뷰 관리, 실시간 응대와 같은 부수적인 업무들도 추가된다.

'실시간 응대'의 예를 극단적으로 들면 이런 것이다. 방에서 벌레가 나왔으니 당장 와서 잡아달라, (예약 시간을 거의 다 사용했는데) 방음이 마음에 들지 않으니 전액을 환불해 달라 등의 문자부터 와이파이 비밀번호가 무엇이냐고 묻는 한밤중의 전화(당연히 예약 안내 문자 또는 내부 부착물에 기재되어 있다) 등등이다.

이러한 장단점을 숙지한 후 1개의 방이라도 시간 단위 대여 운영을 하기로 결정했다면 앞서 소개한 플랫폼 중 '스페이스클라우드'에 공간 등록을 하면 된다. 또한, 같은 기능을 하는 네이버 플레이스의 '예약' 기능을 활성화하고 예약 상품을 등록하도록 하자.

다른 채널들도 있지만 시간 단위 대여를 하는 음악 연습실의 예약 90% 이상은 이 두 채널에서 이뤄지기 때문에 스페이스클라우드와 네이버만 관리해도 충분하다.

참고로, 시간 단위 대여의 운영 여부와 해당 음악 연습실의 월 단위 대여의 성과는 상관관계가 거의 없다. 일부 홍보 효과는 있겠지만 시간 단위 대여로 운영한다고 해서 월 단위 대여 장사가 더 잘 되거나 하지는 않는다는 얘기다(앞서 설명했듯 둘은 그 니즈가 완전 다르다).

따라서 시간 단위 대여의 운영은 어디까지나 선택사항이다. 음악 연습실의 상태나 개인적인 여건 등을 고려해서 더 높은 수익률, 매출을 택할 것인지 아니면 관리 편의를 택할 것인지 결정하면 된다.

음악 연습실 운영과 관련해 자주 듣는 질문을 정리했다.

Q 음악 연습실 전기세는 얼마나 나오는지?

A 전기세는 음악 연습실의 고정비 중에서 건물 월세 다음으로 큰 항목이고 공과금 중에서는 가장 큰 부분인 만큼 많은 예비 창업자들이 궁금해하는 대상이다.

결론적으로 딱 얼마라고 정해서 알려주긴 어렵다. 해당 상가의 계약 전력과 음악 연습실의 운영 환경에 따라 다르므로 업장마다 상이할 수밖에 없다.

평균적인 수치로 보자면, 방 10개 내외의 30~40평대 음악 연습실의 전기세는 월평균 20만 원 내외다. 봄과 가을에는 10만 원 이하로 내려가기도 하고 여름과 겨울에는 30~40만 원 이상 나오기도 한다.

Q CCTV는 어느 위치에, 몇 개나 설치하는지?

A 음악 연습실의 경우 방 내부가 완전히 개인 공간으로 사용되기 때문에 방마다 설치하지는 않는다. 대신 공용 공간(복도, 로비, 계단, 외부 화장실 출입구, 외부 테라스, 주차장 등)에만 설치한다. 반면, 방 전체가 시간 단위 대여로 운영되는 댄스 연습실이라면 CCTV가 방 내부에 있는 경우가 많다.

CCTV는 자가 설치 또는 통신사의 렌탈(구독) 상품을 통한 설치가 있다. 렌탈 상품은 약정 기간이 있고 매월 비용을 발생시키므로 직접 구매해서 설치하는 걸 추천한다. 직접 설치하기가 어렵다면 사람을 불러서 설치하면 된다. 설치비가 들지만 장기적으로는 렌탈 상품 이용보다 비용적인 부분에서 낫다.

Q 음식물 쓰레기는 어떻게 처리하는지?

A 전공자들은 음악 연습실 내부에서 오랜 시간 머물기 때문에 배달음식을 자주 시켜 먹는다. 그래서 음식물 쓰레기가 많이 나오는데 이를 처리하는 방법에는 크게 3가지가 있다.

첫 번째, 로비나 창고 공간에 업소용 냉장고를 비치해서 음식물 쓰레기를 모아두도록 하는 것이다. 냄새나 벌레 문제에서 자유롭고 일주일에 1~2회 정도 처리하면 돼서 복도 청소 주기와도 잘 맞는다.

두 번째, 5~6세대 대용량 음식물 처리기를 2~3대 구비한다. 과거에 나온 음식물 처리기로는 한계가 명확했지만 요즘 나오는 제품들은 성능이 많이 좋아져서 괜찮다는 평이 많다.

마지막 세 번째, 음악 연습실 내부에서의 취식을 제한하는 것이다. 아예 제한하는 것이 너무 극단적으로 보이면 '취식은 가능하지만 음식물 쓰레기는 배출이 불가하다'라고 계약 시점에 고지하면 된다. 이러한 내규를 가진 음악 연습실에서는 음식물 쓰레기가 거의 나오지 않는다.

Q 공용 프린터기나 전자레인지 등을 구비해야 하는지?

A 전자레인지, 얼음 정수기, 커피 머신, 프린터기와 같은 공용 설비의 설치 유무와 간식, 휴지, 물티슈 등의 비품 제공은 어디까지나 운영자 마음이다. 실제로 이와 관련해서는 음악 연습실마다 천차만별이다.

확실한 건 이러한 것들이 사용자 입장에서는 1순위로 중요한 요소가 아니라는 점이다. 음악 연습실의 위치, 가격, 컨디션이 마음에 드는데 앞에서 말한 부수적인 옵션이 갖춰지지 않았다고 해서 다른 음악 연습실로 가지 않는다는 말이다. 반대로 이러한 부수적 옵션들이 아무리 빵빵해도 본질적인 요소에서 경쟁력이 없다면 사용자들을 붙잡을 수 없다.

결론적으로 굳이 신경 쓰지 않아도 되는 부분이다. 음악 연습실 내부의 레이아웃에 따라서 공용 공간에 어느 정도 여유가 있고, 일정 서비스를 제공하기 위해 적당한 선에서 준비하면 나쁠 건 없다. 여유 공간 없이 타이트한 구조라면 굳이 준비하지 않아도 된다.

Q 악기를 미리 구비하는 게 좋은지?

A 앞에서도 설명했는데 굳이 안 그래도 된다. 음악 연습실 사용자 10명 중 8~9명은 본인의 악기, 장비를 가져다 두고 사용한다. 괜히 미리 배치해 뒀다가 오히려 빼달라는 요청을 받는 경우가 더 많을 수도 있다.

단, 월 단위 대여 수요만큼 시간 단위 대여 수요가 많은 곳(대형 공연장, 음대나 실용음악과 근처 등)은 악기, 스피커, 보면대, 테이블, 의자 등을 비치해 두면 좋다. 시간 단위 대여 사용자들이 간단히 몸만 와서 연습이나 레슨을 하고 갈 수 있도록 하기 위해서다.

결론적으로 창업을 어느 지역에 하느냐와 관련이 깊은 부분인데 대부분 미리 비치하지 않아도 된다. 그렇지 않다고 해도 사용자가 요구하면 그때 준비하면 된다. 음악 연습실 자체도 그렇지만 악기, 장비 역시 무수요 선공급(수요도 없는데 미리 공급)하지 말자.

싸게 사고 비싸게 파는
권리금 거래의 기술

음악 연습실을 양도하는 이유

인터넷에 '음악 연습실 매매', '음악 연습실 양도' 등을 검색해 보면 숱한 음악 연습실 매물이 있는 것을 확인할 수 있다.

책의 내용대로라면 음악 연습실은 품도 별로 안 들어가고 안정적으로 현금 흐름이 나오는 좋은 파이프라인인데 왜 남에게 양도하는 것일까?

경쟁력이 없어서 문을 닫을 수밖에 없는, 즉 장사가 망해서 사업을 접는 음악 연습실은 논외로 하더라도 정상적으로 성업을 이루고 있는 음악 연습실을 왜 파느냐는 말이다.

양도인한테 직접 이유를 물어보면 아마도 "일이 바빠져서…", "이사를 하게 돼서…", "건강상의 사유로…", 이 셋 중 하나의 대답이 돌아올 것이다.

필자 개인적으로도 '사업이 잘되고 있는 음악 연습실을 왜 파

'는지' 처음에는 이해가 안 됐는데 운영 중인 음악 연습실을 직접 매도해 보고 나서야 그 진짜 이유를 알게 됐다.

필자가 창업 5년 차에 매도했던 음악 연습실은 양도 당시에도 여전히 창업 초기와 같이 만실로 운영되고 있었고 해당 지역에서는 완전히 견고하게 자리를 잡고 있었다. 그래서 매수 희망자들이 '왜 파는지' 궁금해했었다.

결론적으로 음악 연습실 양도를 결정하게 되는 이유는 2가지 중 하나다.

첫 번째 이유는 '재투자, 보수가 필요한 시기'가 됐기 때문이다. 운영을 시작하고 4~6년 차 정도에 접어들면 로비, 복도, 화장실 등의 공용부 컨디션이 어느 정도 나빠질 수밖에 없다. 또한, 아무리 다른 시설업에 비해 유리한 구조라고 해도 음악 연습실 내부의 마감재 훼손이나 사용감 등이 부각될 수 있는 시점이기도 하다. 시기에 따라서는 시장에서 유행하는 마감재 또는 조명, 기타 디자인 등이 완전히 바뀌었을 수도 있다.

'수익률은 크게 떨어지지 않았지만 추가 투자금을 들여서 시설 경쟁력을 유지해야 할 것 같은 시점'이 되기 때문에 자연스레 양도 욕구가 생기게 된다.

성업 중인 음악 연습실이라면 초기 시설 투자금 정도는 권리금으로 회수할 수 있다. 그렇게 되면 그간의 현금 흐름은 100% 수익으로 확정되는 것이다. 이후 양도인은 기존의 경험을 살려

다방면에서 업그레이드된 음악 연습실을 새로이 차리거나 다른 업종으로 갈아타기를 하는 게 일반적이다.

두 번째 이유는 점주가 큰 생각 없이 창업을 저지른(?) 케이스에서 발생하는데, 사업이 아주 되지 않는 건 아니지만 어느 시점에 '창업이 잘못됐다고 체감하면서 아쉬운 점들이 보이기 시작하면' 양도 욕구가 생기기 때문이다.

실제 필자에게 의뢰가 들어오는 매물 중 상당수가 이 케이스에 속한다(거래 플랫폼에 등록되는 매물 또는 개인이 뮬 등에 직접 홍보하는 매물도 이 케이스가 압도적으로 많다). 사연을 들어보면 결국 '처음이라 아무것도 모른 채 막 차렸는데 기대보다 성과가 별로고 더 망가지기 전에 가능하면 털어버리고 싶다'는 것이다.

'창업이 잘못됐다'는 건 보통 2가지다. 하나는 경험자가 보기엔 정말 말도 안 되는 위치에 창업한 경우, 다른 하나는 주변 시세 대비 과한 월세로 임대차 계약을 한 경우다.

어떤 경우이든지 해당 지역 내에서 정상적으로 잘 창업한 음악 연습실과 경쟁하기는 어렵다. 입지 조건에서도 밀리고 가격 경쟁력에서도 밀리기 때문이다.

설령 음악 연습실에 대한 수급이 괜찮은 지역이라고 해도 추후 근처 음악 연습실들이 가격을 내리는 경쟁을 시작하면 극단적으로는 건물 월세를 내는 것조차 버거워질 수 있다.

이러한 취약점들을 점주 본인이 깨닫는 순간, 그 음악 연습실은 매물로 나올 확률이 높다. 시설은 비교적 새것일 가능성이 높아 권리금을 아주 싼 값으로 설정하지는 않겠지만 그래도 새로 창업할 때 들어가는 공사비보다는 훨씬 저렴하게 내놓을 것이다(인수를 계획하는 경우 표면적으론 멀쩡해 보이는 이러한 매물들을 주의해야 한다).

다시 정리해 보면, 음악 연습실을 양도하는 이유는 다음과 같다.

① 수익을 충분히 뽑고 난 이후 슬슬 가치가 떨어질 것 같은 시점에 최대 가격을 받기 위해서
② 창업하는 과정에서 무언가 실수를 많이 한 것을 깨닫게 되면서 적당히 털고 다시 제대로 창업하기 위해서

꿀매물을 인수하면
양도차익도 노릴 수 있다

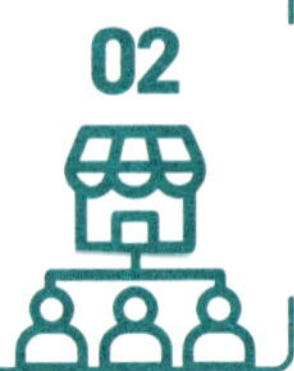

1장에서 살펴본 것처럼 음악 연습실 인수를 통해 창업하는 것도 상황에 따라 괜찮은 창업 방법이 된다. 단, 조건이 있다. '좋은 매물'을 인수해야 한다는 것이다.

이 일을 업(業)으로 하는 만큼 전국에서 나오는 거의 모든 음악 연습실 매물들을 모니터링하고 있다. 음악 연습실을 운영도 하고 중개도 하는 입장에서 봤을 때 직접 인수를 하고 싶을 정도로 좋아 보이는 음악 연습실 매물은 1년에 3~4곳 정도밖에 안 나온다(필자는 양질의 음악 연습실을 다수 운영하고 있기 때문에 어지간한 매물은 성에 차지 않고 진짜 좋은 '꿀매물'이어야만 눈에 들어오기 때문이기도 하다).

꿀매물의 첫 번째 조건은 단연 높은 수익률이다. 이 첫 번째 조건이 충족된다는 얘기는 곧 지역 수급 조건이 좋고 시설 경쟁력이 있다는 얘기다.

구체적인 수치로는 양도 측에서 제시하는 권리금(시설권리금+영업권리금)과 임대차 보증금을 포함한 총투자금 대비 연 30% 이상의 영업이익이 발생하는 음악 연습실이어야 한다. 예를 들어, 권리금이 5,000만 원, 임대차 보증금이 1,000만 원이라면 순수익이 매월 150만 원 이상 꾸준히 발생하는 시설이어야 한다.

첫 번째 조건을 검증하는 과정에서 주의해야 할 점이 있다. 인수자가 권리금 계약을 하기 전에 해당 내용을 구체적으로 확인하기가 어렵다는 점이다. 양도인의 구두상 설명 또는 양도인이 직접 작성한 장부로 대략 확인해 보는 것이 전부일 수 있다. 뒤에서도 설명하겠지만, 과거와 현재의 운영 성과가 제대로 확인이 되어야만 수익률 체크가 의미 있다. 가령 장부가 거짓이나 부정한 방법으로 기록됐다면 확인의 의미가 없다.

다음으로 꿀매물의 두 번째 조건은 '낮은 고정비+그에 따른 임대인의 성향'이다. 현재 건물주에게 지급하고 있는 월세와 관리비가 해당 지역에 있는 공실 상가의 월세 시세 대비 낮으면 낮을수록 좋은 이유는 굳이 설명할 필요가 없을 것이다. 예를 들어, 네이버페이 부동산에 들어가서 동일 지역에 있는 비슷한 규모의 상가 매물을 찾아보니 월세가 전부 150~220만 원 사이로 형성되어 있는데, 해당 매물은 월세가 100만 원인 것이다.

여기서 한발 더 나아가, 그간의 임대차 기간 동안 임대인이 월세를 한 번도 안 올렸거나 거의 안 올렸다면 훨씬 더 좋은 매물로 평가할 수 있다.

물론 양도양수 진행 과정에서 임대인이 새로운 임차인(인수자)에게 월세를 올려 받으려고 할 수도 있다. 그러나 경험상 한 번 저렴한 차임의 건물은 계속 저렴할 확률이 높고 임대인의 성향 자체가 그러한 것이기 때문에 프리미엄을 부여할 수 있다.

사실 우리가 일반적으로 쉽게 찾을 수 있는 매물은 첫 번째 조건(수익률)만 갖췄거나, 두 번째 조건(낮은 고정비와 임대인 성향)만 갖춘 매물이다. 시장에는 워낙 상태가 안 좋은 매물이 많기 때문에 둘 중에 하나만 제대로 갖췄어도 양반인 매물이긴 하다. 따라서 2가지 조건을 모두 갖췄다면 '꿀매물'이 된다.

한편 '꿀매물'을 제대로 검증하는 과정은 결코 간단하지 않다. 해당 지역에 있는 공실 상가의 월세 시세와 음악 연습실 대관료 시세를 충분히 잘 알아야 하고, 필요하다면 지역 내 공인중개사 사무소를 돌아다니며 정보(장부 물건, 조만간 나올 수 있는 공실 정보 등)를 얻어야 한다. 더불어 실제로 권리금 거래를 진행하게 되는 경우 양도인이 가진 기존의 임대차 계약서, 음악 연습실 사용자들과의 계약서, 매출과 매입 내역 등을 상세히 확인하며 잘못된 정보가 없는지, 인수하게 되는 권리 중 불이익한 것은 없는지 확인해야 한다.

경기도의 한 대도시 메인 상권에 방 15개를 갖춘 음악 연습실이 싼 금액으로 나왔다며 매물을 확인해 달라는 의뢰가 들어왔다.

권리금은 1,500만 원이었다. 절대적인 금액 자체만 놓고 봤을 때는 확실히 싸게 나왔다. 물론 단지 권리금이 낮다고 해서 좋은 매물로 단정할 수는 없다. 심지어 권리금이 0원인 '무권리' 매물이라도 함부로 인수해선 안 되는 매물이 태반이기 때문이다.

이어서 해당 매물에 대한 분석을 시작했다. 지역 수급, 인근의 경쟁점 현황, 주변 상가 시세, 건물의 권리 관계를 비롯한 특이사항 능을 분석하는 것이다.

매물로 나왔던 시점에서는 방 15개 중 절반 이상이 공실이었지만 필자가 봤을 땐 홍보 상태나 금액대 설정이 잘못되어 있었고, 인수 후 잘 가꾼다면 한 달 내 만실로 만들어서 수익률을 2배 이상으로 확보할 것으로 판단했다.

게다가 시설 컨디션도 훌륭했다. 새롭게 공사하려면 시공비가 최소 1억 원 이상 들어갈 시설이었다.

월세까지 저렴했다면 (글이 올라온 지 1분 만에 계약금이 입금되는) 1분 컷인 매물이었지만 다행히(?) 동네 시세대로 임대차 계약이 되어있어서 하루 정도 시간이 있었고, 차분히 판단해 인수 관련 컨설팅을 할 수 있었다.

예상대로 한 달 정도 뒤 만실이 됐고 의뢰자는 해당 매물을 권리금 6,500만 원에 되팔 수 있었다(만약 월세까지 저렴했다면 중장기로 가져가라고 했을 것이다).

사팔(샀다 팔기)을 반복하며 권리금 단타를 하라는 얘기는 아니다. 필자가 제시한 기준에 맞는 꿀매물을 인수한다면 반드시 좋은 결과가 있다는 얘기를 하려는 것이다.

권리금 계약은 이렇게 한다

　권리금 거래는 분쟁이 잦은 거래 종목 중 하나다. 그도 그럴 것이 권리금 산정의 기초가 되는 요소들(인테리어, 고객 수, 매출 규모, 수익률 등)에 대한 명확한 시세나 기준 등이 정해져 있는 게 아니기 때문이다. 게다가 그 증빙 절차, 방법 등도 별도로 확립된 규정이 있는 게 아니고 업종마다 관행 차이도 커서 거래 과정에서 다툼이 생기기 쉽다.

　극단적으로 보면, 처음부터 악의를 갖고 매출을 속이려는 사기꾼도 있을 수 있고, 고의로 상대를 기만하려는 의도는 아니었으나 자신도 모르게 표현이 과장되기도 한다. 일방(한쪽)의 이득은 타방(상대방)의 불이익으로 귀결될 수밖에 없는 게 권리금 거래인 만큼 모든 부분이 예민한 요소다.

　업종에 따라 분쟁이 생기는 주요 부분이 다를 수 있겠지만 크게 구분하자면 시설에 대한 부분과 매출에 대한 부분으로 나눌수 있다.

우선 시설에 대한 부분에서는 최초 시공을 어떻게 한 것인지에 관해 발주 당시 견적서나 시방서(示方書) 또는 인테리어업체와의 대화 내용 등을 통해서 최대한 세세히 확인하는 게 좋다. 또, 그간의 시설 보수 사항이 있었다면 그러한 히스토리 역시 가능한 한 파악해둬야 한다.

더불어 음악 연습실과 같이 시설업 성격을 조금이라도 가진 점포들의 권리금 계약에 있어서는 특약사항에 '잔금 후 1~3개월(참고로, 협의하기에 따라 달라질 수 있음) 내 누수 또는 수리비 얼마 이상을 요하는 시설 하자가 발생하는 경우 양도인은 사유 발생 즉시 100% 현금 배상한다. 단, 기존 임차인과 무관한 건물의 구조적 사유에 해당하는 경우에는 양도인이 배상하지 않고 임대인의 협조를 함께 구한다'라는 식의 문구를 명시하는 게 좋다. 모든 특약이 마찬가지지만 표현에 있어서 다른 해석의 여지가 없도록 과하다 싶을 정도로 구체적으로 한다.

다음으로 매출에 대한 부분이다. 음악 연습실의 권리금 거래에 있어서 가장 좋은 확인 방법은 은행 거래 내역을 확인하는 것이다.

대금이 정산되는 계좌가 여러 계좌로 나뉘어 있더라도 거래하는 그 자리에서 은행 앱에 로그인 후 월별 사용자 결제 내역을 하나하나 확인하는 게 가장 좋다. 되도록 본계약일에 확인해야 한다. 불가피하게 계약일에 확인을 못 하는 상황이라면 '이러이러한 증빙 조건으로 체결하는 계약이며 잔금일에 해당 방법으로 확인이 되지 않으면 계약을 무효로 하며, 양도인은 지급받은 전체 금액을 반환한다'라는 특약을 기재한 후 진행해도 된다(필요하다면 별도의 손해배상액도 명기).

이 외에도 임차인(양도인)이 음악 연습실 사용자들과 작성한 계약서, 임대인과 작성한 기존 임대차 계약서도 확인해야 한다. 혹시나 신규 임차인(양수인) 측에 승계되어 권리를 제한할 만한 특이사항이 있는지 검토하는 차원이다.

지금까지 말한 내용들을 전반적으로 봤을 때 '뭘 그렇게까지…'라는 생각이 들 수도 있겠다. 그러나 한 번의 안일한 생각으로 수천만 원에서 수억 원의 손해를 보는 사례가 실제로 발생하는 게 권리금 계약이기 때문에 각별히 주의하기를 바란다.

권리금 계약에서 가장 문제가 되는 생각은 '에이, 이 정도면 됐겠지' 하는 생각이다. 거래 추진 과정에서 양도인과 개인적 친밀감이 만들어질 수도 있겠지만 그건 그거고 거래는 거래인 것이다.

혹시 사기를 당할까 봐 걱정되거나 거래를 잘 마무리할 자신이 없다면 해당 업종의 전문가에게 점포 양수도 전반에 대해 위임하는 게 나을 수도 있다. 만약 직거래를 진행하는 경우에는 앞에서 언급한 부분들에 대해 빠짐없이 확인하는 조건으로 거래를 추진해야 한다.

점포 권리금 계약 및 거래 과정의 대략적인 흐름

① 권리금 가계약: 거래 당사자 확인, 큰 틀에서의 거래 조건 조율, 잔금 스케줄 조율 후 거래금액의 1~3% 입금

② 권리금 본계약: 거래 당사자 확인, 전체 방 내부 확인 및 특이사항 확인, 매출 및 매입 확인, 임대차 계약서 및 사업자등록증 확인, 사용자별 대관 계약서 등 확인 후 본계약금 입금

③ 임대차 계약: 권리금 계약 단계에서 임대인과의 임대차 계약이 진행되지 않거나 기존의 임대차 계약 조건 대비 변동이 생기는 경우 권리금 계약을 무효로 한다는 특약 명시 필요

④ 권리금 잔금 및 임대차 잔금: 공과금 정산, 잔금일에 전체 방 내부 다시 한번 확인, 사용자별 대관 계약서 인수인계, 마스터키 등 인수인계, 인터넷 등 렌탈 품목 해지 또는 승계 처리, 사업자 등록 및 확정일자 신청 등

권리금 정산 기준

'권리금은 어떻게 책정되는 것이 가장 합리적인가'에 대한 완벽한 합의점은 아직 없다. 업종마다 시장에서 판단하는 세부 항목이 모두 다르기도 하다. 음악 연습실의 경우 크게 보면 아래 2가지 형태로 권리금이 제시된다.

"공사비 8,000만 원 들어갔고 제가 3년 운영했으니 6,000만 원 정도 주세요."

"이 음악 연습실에서 1년에 3,000만 원 정도의 영업이익이 발생하고 있으니 권리금은 1억 정도로 생각하고 있습니다(권리금 대비 수익률 30%)."

시설비 기준(시설권리금 강조 측면)과 영업이익 기준(영업권리금 강조 측면) 중 어느 기준이 더 합당한가에 대한 의견은 각자 다를 수 있다. 개인적으로는 음악 연습실을 수익형 시설로 생각하기 때문에 후자가 적합하다고 본다. 수익률이란 건 시설 경쟁력을 포함한 다양한 요소가 복합적으로 작용해 드러나는 궁극적인 기준이라는 생각이다. 단, 여러 번 강조한 것과 같이 가공되지 않은, 진정한 수익률이어야 할 것이다.

2부

음악 연습실과 유사하면서 돈이 되는 무인 창업

2부에서는 음악 연습실과 연계가 용이하면서도 최근 점점 더 인기가 많아지고 있는 무인 창업 아이템인 댄스 연습실, 셀프 녹음실, 파티 룸에 대해 소개한다.

이 사업 아이템들은 큰 틀에서 모두 공간 대여 사업에 속하는 만큼 임대차 대상 건물을 고르는 의사 결정 기준부터 유사한 부분이 많고 시공 공정도 겹친다. 실제로 음악 연습실 내부 일부 공간을 댄스 연습실, 셀프 녹음실, 파티 룸으로 구획하여 운영하는 경우도 심심치 않게 찾아볼 수 있다.

또한, 공통으로 음악 연습실보다 적은 금액으로 창업이 가능한 소자본 창업 아이템이다. 수익률도 연 30~60% 수준으로 높은 편이라 회수 기간이 짧다(시드 머니가 적게 들어간다고 해서 창업을 막 해도 된다는 얘기는 아니다).

아이템이 세부적으로 달라지긴 하지만, 1부에서 다뤘던 '성공적인 창업 방법'에 대한 골자는 그 맥락을 달리하지 않기 때문에 지역 수급을 분석하고 고정비 우위를 확보하는 등 기본적인 창업 원칙은 똑같이 지켜져야 한다.

이번 2부에 소개되는 사업 아이템을 창업할 예정이라고 해서 해당 부분만 읽지 말고, 1부 내용을 최소 2~3번 이상 반복해서 보기를 바란다. 그렇게 한다면 큰 실수 없이 좋은 성과를 낼 수 있을 것이다.

6장
댄스 연습실

댄스 연습실의 소개, 장단점, 창업 비용, 손익 구조

댄스 연습실은 말 그대로 댄스, 안무를 연습하는 공간이다. 물론 춤 말고도 다양한 용도로 활용된다. 악기 연습, 연기 연습, 개인 방송 공간, 스터디 및 모임 공간 등.

사용 용도나 시공 형태, 마감 방식 등에 있어서 음악 연습실과 상당 부분 유사해 음악 연습실과 댄스 연습실이 같이 운영되는 곳도 많다. 그러나 세부적으로 보면 다른 점들이 존재한다.

우선 주요한 차이점으로는 연습실의 방 1개당 크기다. 음악 연습실은 우리가 동네에서 자주 접할 수 있는 피아노학원의 연습실처럼 피아노 1대, 의자 1대 정도 들어가는 1평 남짓한 작은 방부터 수요가 있다.

반면, 댄스 연습실은 안무, 동선 등의 연습을 위해 그보다 많이 커야 한다. 그리고 혼자가 아닌 여럿이 쓰는 경우가 더 많아서 방 1개당 최소 5~6평 이상부터 10~20평까지 커지기도 한다.

방 크기 말고 시공 방식에서도 차이가 있다. 뒤에서도 설명하겠지만 댄스 연습실은 음악 연습실에 비하면 최소한의 방음 공사만 하는 경우가 많다. 어차피 모든 방에서 큰 소리가 나기 때문에 사용자들도 (상대적으로) 예민하게 받아들이지 않는다. 따라서 완벽한 방음보다는 창업 비용 측면에서 효율성을 높이는 방식을 택한다. 마감 공정을 할 때 전면 거울이 필수적으로 설치된다.

또한, 댄스 연습실은 95% 이상 시간 단위 대여로 운영된다는 점도 차이점이다.

장점과 단점

댄스 연습실 창업의 최대 장점은 뭐니 뭐니 해도 적은 자본으로 창업이 가능하다는 점에 있다. 똑같이 방음 공사를 해도 음악 연습실처럼 8~15개의 방을 구성하는 게 아닌 1~3개 정도만 구성하는 형태이기 때문에 공사 기간, 인력, 자재, 부자재 등이 모두 적게 들어간다.

또한, 앞서 얘기한 것처럼 '방음 성능'이 1순위로 고려되지 않는다. 방음 공사 중 일부 공정을 생략하는 등 간이로 시공하는 경우가 많아서 적은 비용으로 인테리어가 가능하다. 가령 음악 연습실에서처럼 각 방 안에서 레코딩 작업을 한다거나 옆방 소음에 민감한 작업을 하는 게 아니다. 그러니 방음 공사를 간단하게 할 수 있다.

심지어 임대차 계약을 한 건물의 상태에 따라 방음 시공을 아예 안 하다시피 하고 바로 마감 공정으로 넘어가기도 한다. 이 경우 창업비를 1,000만 원도 안 쓸 수 있다.

그렇다고 해서 무조건 돈을 쓰지 말라는 건 아니다. 겉보기에 비슷하게 꾸밀 수 있다고 해도 기능적으로 최소한의 방음조차 안 된다면 인근 업체와 경쟁에서 밀릴 수밖에 없다(무작정 비용을 아끼려고 하기보다는 남들 하는 만큼은 투자하는 게 맞다).

댄스 연습실의 단점은 관리에 품이 많이 들어간다는 것이다. 시간 단위 대여가 주를 이루는 형태이다 보니 관리를 더 열심히, 자주 해줘야 한다.

음악 연습실 사용자들처럼 '내 전용 방을 나만 단독으로 사용한다'라는 생각으로 쓰는 게 아니라 '잠깐 쓰고 가는 시설'이라는 생각으로 사용하기 때문에 금방 지저분해지고 보면대, 삼각대 등 비치 물품이 고장 나기도 한다.

또, 예약이 몰리는 주말, 공휴일 같은 때는 하루에도 10번 이상 응대를 해야 할 수도 있다. 댄스 연습실만 운영한다면 별문제가 없을 수 있지만 다른 일을 병행하고 있거나 개인적인 용무가 있어서 실시간 응대를 못 하면 대단한 클레임(?)이 발생할 수도 있다.

똑같은 시간 단위 대여 방식이라고 해도 뒤에 소개할 셀프 녹음실과 파티 룸은 대여 시간 단위가 4시간, 8시간, 12시간, 14시간 등의 식인데 댄스 연습실은 1시간(경쟁이 심한 지역은 30분) 단위로 대여하기 때문에 응대나 관리 포인트가 훨씬 많은 것이다.

결론적으로 댄스 연습실은 관리 포인트가 많은 대신 소자본으로 시작해 볼 수 있는 공간 대여 사업 아이템이다. 폭발적인 고수익을 노리는 아이템은 아니지만 연 수익률이 30% 이상으로 높은 편이고, 창업 비용이 적게 들어가니 큰 리스크 없이 '창업→운영→매각'의 경험을 쌓기 좋다.

창업 비용

창업 비용을 딱 떨어지게 정형화해서 제시해줄 수 있다면 좋겠지만 아쉽게도 현장 상황이 워낙 다르기 때문에 불가능에 가깝다.

가령 기존 임차인이 영업하며 맞춰놓은 설비 및 시설을 댄스 연습실에 그대로 살려 사용할 수 있다거나 임대인이 올수리에 가깝게 인테리어를 해준다거나(특수한 경우를 제외하면 잘 없는 일이다) 해서 현장 상황이 좋다면 창업 비용이 1,000만 원 이하로 들어가는 경우가 있다.

반면, 임대인의 인테리어 지원은 고사하고 임차인이 기존에 운영하던 시설이 댄스 연습실과 하나도 맞지 않아서 직접 철거까지 해야 한다면 5,000만 원 이상 들여야 댄스 연습실이 완성되는 현장도 있다.

이렇듯 창업 비용은 천차만별이지만 그럼에도 불구하고 보편적으로 비용을 나열해 보면 다음과 같다(보통 댄스 연습실을 많이 창업하는 규모인 25~30평, 방 3개 기준).

- 냉난방기 3개(배관 및 설치비 포함): 300~500만 원
- 분전함, 전기, 조명, CCTV: 150~300만 원
- 목공, 방음, 마감: 1,500~3,000만 원
- 시스템 도어 3개: 150~200만 원
- 공용부 마감: 200~500만 원
- 거울 시공: 150~300만 원
- 스피커, 의자, 테이블, 신발장, 실내화 등: 100~200만 원

총 2,000만 원 중반대에서 최대 5,000만 원대까지 소요된다. 조심스럽게 첨언하자면, 댄스 연습실을 창업하는 데 있어서 이 금액 이상의 창업 비용은 쓰지 않기를 권고하고 싶다.

이 금액대를 넘어가면 여러 가지 측면에서 더 나은 창업 아이템들이 옵션으로 생기기 때문에 굳이 특정 아이템, 콘셉트에 매몰되어 과잉투자를 할 필요는 없다.

물론 점주가 직접 댄스 연습실을 사용해야 할 필요가 있고 또

자기만족을 위해 '꿈꿔왔던 공간을 구현'하겠다고 하면 그건 자유다. 필자의 말은 어디까지나 창업 효율을 고려했을 때 얘기다.

손익 구조

대부분의 공간 대여 사업이 그렇듯 손익 구조는 심플하다. 사업자(점주)는 건물 임대인에게 월세, 관리비를 내고 사용자에게 대관료를 받는다. 당연히 임대인에게 지불하는 월세보다 사용자에게 받는 대관료가 많아야 운영이 될 것이다.

그래서 일단 댄스 연습실 역시 월세가 저렴하고 봐야 한다. 월세 50만 원짜리 건물에서 영업하는 댄스 연습실과 월세 120만 원짜리 건물에서 운영하는 댄스 연습실을 비교해 보자. 댄스 연습실의 1시간당 가격은 보통 3,500원부터 7,500원 수준이다. 계산의 편의를 위해 시간당 5,000원으로 잡겠다.

월세 50만 원인 댄스 연습실은 한 달에 100시간(일 평균 3.3시간)만 대관이 되면 월세가 해결되는 반면, 월세가 120만 원인 댄스 연습실은 한 달에 240시간(일 평균 8시간)을 대관하고 나서야 수입이 발생한다. 가동률에 있어서 거의 3배 가까운 부담감이다.

그럼 월세만 낮으면 만사 오케이일까? 당연히 아니다. 평당 임대료가 저렴한, 월세가 싼 상가는 서울이든 지방이든 한도 끝도 없이 많다. 심하게 얘기하면 깔리고 깔렸다.

똑같이 월세가 50만 원이라고 해도 비교를 통해서 더 유동인

구가 많은 곳, 더 배후세대가 많은 곳, 건물 상태가 조금이라도 더 좋은 곳, 다른 임차인들이 조금이라도 더 시너지를 내줄 수 있는 건물, 주차가 되는 건물, 가시성이 좋은 건물, 누수 흔적이 없는 건물을 선별해서 들어가야 하는 것이다.

경험이 없고 비교 대상이 부족할 땐 똑같은 월세의 건물 중 어느 건물이 더 좋은 건지 감이 잘 오지 않을 수도 있다. 그러나 걱정하지 않아도 된다. 우리가 신호등이 없는 건널목에서 멀리서 오는 차의 속도를 가늠해서 건널지 말지 의사 결정을 내리는 것은 꼭 차에 치여봤어야만 할 수 있는 게 아니다. 그저 축적된 기억, 비교로써 합리적인 판단을 하는 것이다.

가령 일주일에 한두 번, 주말마다 한 번씩만 상가를 보러 다녀도 몇 달 뒤면 많은 비교 기준, 대상이 생기기 때문에 어느새 현장에 가지 않고 네이버 지도나 로드뷰만 봐도 어느 매물이 더 좋은지 대략 판단할 수 있게 된다.

댄스 연습실에서 건물 월세 말고 다른 비용이라고 하면 관리비, 전기세, 인터넷, 정수기 요금 정도가 있다. 전기세는 연평균으로 보면 월 10만 원 내외이고 인터넷, 정수기, 비품 등 합해서 5~10만 원 수준이다.

댄스 연습실의 수입은 앞에서 말한 비용들(월세, 관리비, 공과금, 비품)을 제외하고 50~100만 원 이상의 순수익을 남기는 것을 목표로 하면 현실적이다. 앞에서 산정한 최소 창업 비용 대비

25~50%의 수익률이다.

 이보다 몇 배 더 버는 댄스 연습실도 적지 않지만, 반대로 월세도 겨우 내거나 심하면 월세조차 내지 못하는 댄스 연습실도 있다. 그 차이는 1부에서 자세히 다뤘던 지역별 수급 여건과 업장별 고정비 경쟁력의 차이에서 온다. 원칙을 잊지 말고 성공적인 댄스 연습실 창업을 준비해 보자.

인테리어 및 비치 물품

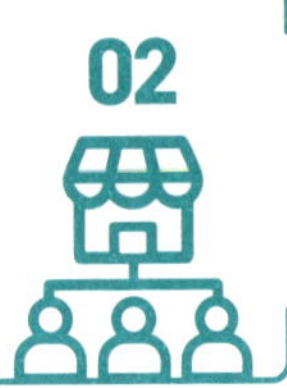

　댄스 연습실은 특별한 인테리어가 인기를 끄는 업종이 아니다. 따라서 유행을 타지 않고, 흔히 볼 수 있는 무난한 연습실 인테리어가 좋다.

　목공 시공에 있어서 골조의 경우 1부에서 살펴봤던 음악 연습실처럼 더블리프 형태로 시공하는 댄스 연습실은 극소수다. 설명한 대로 어차피 모든 방에서 큰 소리로 스피커를 재생하는 댄스 연습실 특성상 옆방에서 흘러나오는 소리에 덜 민감하다. 구조만 괜찮다면 건물의 외벽과 기존 임차인이 사용한 가벽 형태를 최대한 그대로 살려서 바로 마감에 들어가기도 한다.

　천장도 방음 시공 없이 노출 상태 그대로 도장 작업만으로 끝내는 경우가 많다. 만약 댄스 연습실이 지하층이고 1층이 상업시설이라면 이렇게 해도 상관없지만 1층에 주거세대가 있다면

댄스 연습실 내부 모습

추후 높은 확률로 소음 관련 민원이 발생할 수 있으니 천장 방음을 한다(사실 방음을 해도 연접한 층, 호실에 주거세대가 있는 건물은 들어가지 않는 것을 추천한다).

방의 내부 마감은 음악 연습실과 크게 다르지 않다. 아트보드 류의 흡음재, 디자인 요소의 목재, 도장, 벽면 거울 등으로 한다.

댄스 연습실의 비치 물품은 다음과 같다.

① 블루투스 스피커(마샬, 브리츠 등 출력 40와트 이상): 10~40만 원

② 스피커 스탠드(또는 캐비닛 등): 5~10만 원

③ 신발장: 5~10만 원

④ 실내화(또는 실내용 운동화) 다수: 개당 1~2만 원

⑤ 접이식 대형 테이블: 5~10만 원

⑥ 의자 다수: 개당 1~3만 원

⑦ 스마트폰 스탠드 거치대: 2~3만 원

⑧ 보면대 다수: 개당 1~3만 원

⑨ 건반(디지털 피아노 또는 업라이트 피아노): 20~100만 원

⑩ 정수기, 냉장고, 전자레인지 등(필수 아님): 20~100만 원

이 중에서 ⑨번 건반의 경우 필수로 구비해야 할 것은 아니고 선택사항이다. 댄스 연습실에 꼭 댄스 연습을 하러 오는 것은 아니기 때문에 소규모 앙상블, 레슨 등이 가능하도록 건반, 보면대 등을 구비해 두는 차원이다. 가령 댄스 연습실을 3개의 방으로 구획했다면 모든 방에 비치하지 않고 1개 방에만 준비해 둬도 충분하다.

스마트폰 스탠드 거치대

실내화

스피커

댄스 연습실의
홍보와 운영

댄스 연습실은 음악 연습실보다 경쟁이 치열하다. 원래부터 다양한 공간대여업을 영위하던 속칭 빠꼼이그룹, 시설비를 최소화하며 공실 문제를 해결하고자 하는 구분상가 임대인그룹, 부푼 마음을 안고 첫 창업을 하는 초심자그룹 모두에게 댄스 연습실은 매력적인 아이템이 분명함과 동시에 상대적으로 진입 장벽이 낮은 업종이다.

경쟁이 치열하다는 뜻은 그만큼 홍보, 운영에 신경을 많이 써야 한다는 얘기다. 미안한 얘기지만 네이버 플레이스 정도 등록해 놓고 '왜 예약이 별로 없지?'라고 생각하면서 멀뚱멀뚱하게 있는 식이면 곤란하다.

1부에서 다뤘던 네이버 플레이스 최적화는 물론이고 시간 단위 대여 플랫폼의 대표격인 스페이스클라우드 등록, 당근의 업체 홍보, 매장 앞 입간판 설치 등 1명의 고객에게라도 더 노출되도록 할 수 있는 건 다 해야 한다.

이뿐만 아니라 유튜브, 블로그, 인스타그램, 스레드 중 2개 채널 이상에 꾸준히 댄스 연습실을 홍보할 수 있는 콘텐츠를 올리는 것을 추천한다.

특히 댄스 연습실은 사용자들이 여전히 네이버 검색으로 많이 찾기 때문에 블로그를 통해 최대한 많은 지명 키워드(○○동 댄스 연습실, ○○역 댄스 연습실 등)를 포스팅해서 통합 검색에 노출될 수 있도록 관리하는 게 좋다.

직접 포스팅하는 게 어렵다면 전문 리뷰어들을 대상으로 체험단, 기자단 의뢰를 하는 것도 방법이다. 건당 몇만 원 수준의 원고료가 발생할 테지만 댄스 연습실 쪽에서는 아직 비용 대비 괜찮은 성과를 보인다.

응대 방법

댄스 연습실이라고 해서 다른 가게와 달리 손님을 응대하는 특별한 방법이 있는 건 아니다. 다만 무인 업종의 특성상 몇 가지 준비를 잘 해두면 그만큼 직접 대응해야 하는 일이 줄어든다. 궁극적으로는 '사장이 직접 처리하지 않으면 안 되는 급하고 중요한 이슈가 발생했을 때'를 제외하고는 딱히 점포에 신경을 쓰지 않아도 알아서 운영될 수 있도록 만드는 것을 목표로 해야 한다.

우선 '자동 문자 발송 시스템'을 활용하는 것이 좋다. 대표적인 솔루션 중 '공집사'가 있다. 월 몇만 원의 비용을 지불하면 네이버 플레이스, 스페이스클라우드에서 예약되었을 때 미리 설정해 둔 안내 문자가 예약자에게 자동 발송된다.

플랫폼별로 하루에도 몇 번씩 있는 예약들을 일일이 확인해서 승인하고 안내 문자를 보내는 일은 꽤 번거로운 일이다. 그보다 더 번거로운 일이 있다. 네이버 플레이스에서 예약이 되면 스페이스클라우드에서 해당 예약 일정을 마감 처리를 해야 하고, 반대로 스페이스클라우드에서 예약된 일정은 네이버 플레이스에서 마감해야 하는 일이다. 공집사를 활용하면 이 작업이 자동화된다.

공집사 화면

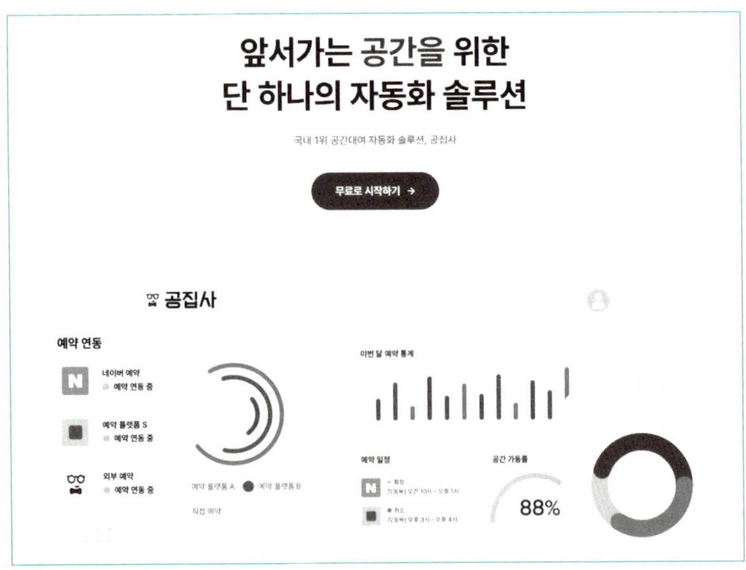

• 출처: 공집사(www.gongjipsa.com)

안내 방법

안내 문자는 다음과 같은 내용을 담으면 된다.

[○○ 댄스 연습실] 예약이 확정되었습니다. 하기 내용을 확인해 주세요.

▶ 다른 예약자분들을 위해 예약 시간 정시 입·퇴실을 준수하여 주시고 종료 5분 전 간단한 정리정돈 부탁드립니다.

▶ 주소

- 서울 강남구 청담동 ○○번지 지하층

- 도어록 비밀번호 ○○○○

▶ 화장실

- 연습실 건물 1.5층에 위치하고 있습니다.

- 도어록 비밀번호 ○○○○

- 외부인의 출입을 방지하기 위해 사용 후 문을 꼭 닫아주세요.

▶ 퇴실

- 냉난방기 전원을 꼭 꺼주세요.

- 두고 가시는 개인 물품이 없는지 다시 한번 확인해 주세요.

감사합니다. 좋은 하루 되세요.

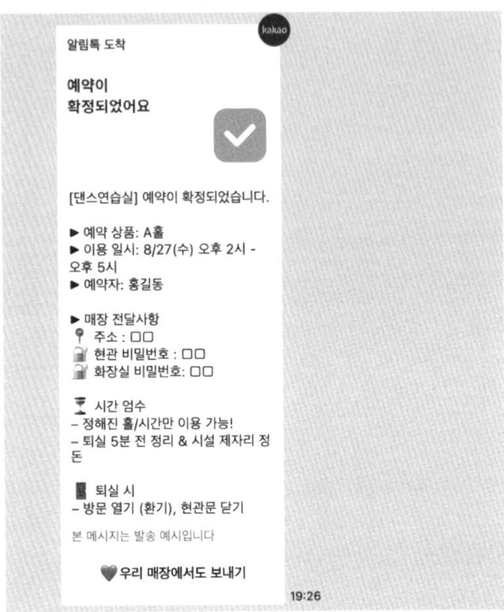

각 예약을 직접 처리해도 되지만 이러한 시스템만 잘 활용해도 일의 무게가 확 가벼워지므로 도입을 적극적으로 권고한다. 추후 확장해서 2~3곳 이상의 댄스 연습실을 운영하게 된다면 필수적으로 활용해야 한다.

다음으로는 연습실 내부에 각 안내문, 안내판 등을 적절히 부착하고 비치해 두는 것이다. 이 역시 직접 응대하는 일을 대폭 줄이는 방법이다.

가령 와이파이 비밀번호만 해도 현장에서 안내가 제대로 되어 있지 않으면 하루에도 몇 번씩 전화, 문자를 받을 수 있다. 따라서 블루투스 스피커 사용법, 시스템 도어 사용법, 화장실 위치,

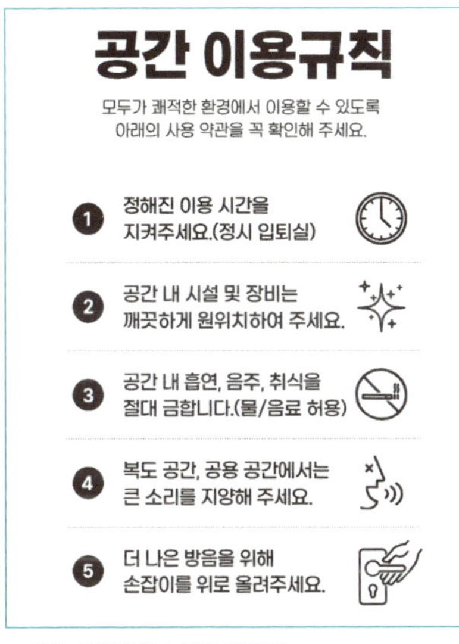

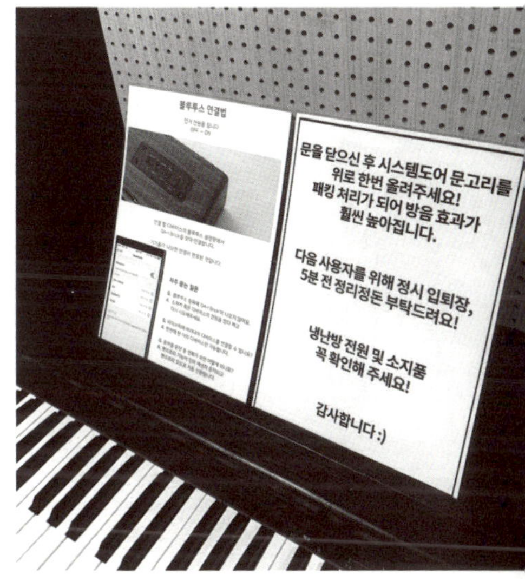

• 출처: 미리캔버스 무료 템플릿

기타 안내사항, 주의사항 등을 방마다 두고, 복도에도 잘 보이는 곳에 부착해 두는 게 좋다.

'아니 이런 것까지 알려줘야 한다고?' 싶은 것도 다 안내하는 게 좋다. 어쨌든 댄스 연습실도 상주하는 관리자가 없는 무인 매장에 속하기 때문에 현장 안내는 상세하면 상세할수록 좋은 것이지 점주에게 해가 될 건 없다.

청소 방법

평상시 업무 중 예약 관리와 손님 응대를 빼고 나면 청소가 남는다. 사용하기 편한 진공 청소기와 물걸레 청소기, 거울 세정제,

융걸레를 가져다 두고 일주일에 2~3회 정도 들러서 관리해주면 적당하다.

댄스 연습실에서 나오는 쓰레기는 60리터 이상 재활용 쓰레기통 기준으로 1~2주에 한 번 배출하면 충분할 것이다. 단, 여름에는 벌레, 초파리 등의 문제가 있을 수 있으니 쓰레기가 다 차지 않았더라도 청소 때마다 배출해 주는 것이 좋다.

댄스 연습실도 음악 연습실, 파티 룸 등과 마찬가지로 외주 청소가 활성화되어있다. 한 달 관리 기준 8~15만 원 내외로 청소 및 관리 업무 전반을 맡길 수 있으니 각자 상황에 따라 활용하면 된다(청소업체에 맡기거나 당근을 활용해서 적임자를 찾을 수 있다).

청소 담당자를 구인했다면 처음 1회는 현장에서 만나 직접 인수인계를 하기 바란다. 이후에는 다음과 같이 청소 매뉴얼(청소 체크리스트)을 보내주면 된다. PDF 파일 등으로 만들어서 훨씬 디테일하게 전달하는 점주도 있다. 현장에 특이사항이 많거나 소품이 있는 경우 등은 초기 세팅 사진을 첨부해서 구체적으로 요청하는 게 서로 편하다.

- 서울 서초구 서초동 ○○○번지 ○○상가 ○○○호
- 현관 도어록 비밀번호 ○○○○
- 3층 화장실 도어록 비밀번호 ○○○○

① 화장실 청소

• 바닥, 도기 등 거품 클리너 분사 후 20~30분 뒤(청소 종료 후 가시기 전) 물 세척

• 특별한 오염이 보이는 경우 솔 청소

• 화장실 휴지통 비우기

② 연습실 복도 창문 열기

③ 복도 청소

④ 재활용 배출 및 재활용 쓰레기통 닦기(청소포)

⑤ 진자래인지, 정수기 닦기(청소포)

⑥ 종이컵 등 비품 채우기(위치: 로비 캐비닛)

⑦ 연습실 복도 창문 닫기

⑧ 신발장 정리, 슬리퍼 정리

⑨ 청소기 먼지 통 비우기(한 달에 1번)

※ 청소용품, 비품이 떨어진 경우 관리자에게 알려주시면 감사하겠습니다.

※ 기타 특이사항이 식별되시는 경우 관리자에게 알려주시면 감사하겠습니다.

※ 긴급 연락은 010 - ○○○○ - ○○○○ 번호로 전화 부탁드립니다.

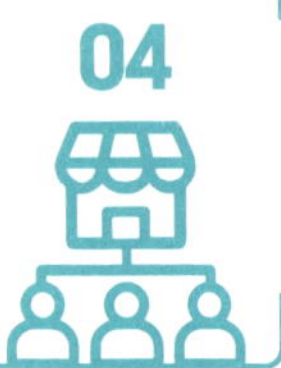

댄스 연습실은 다용도로 활용될 수 있는 공간이다. 굳이 '댄스 연습실'이라고만 홍보하지 말고 모임 공간, 피아노 연습실(업라이트 피아노를 구비해 둔 경우) 등으로도 홍보해서 단골 사용자 범위를 넓히도록 하자.

사람들이 왜 모임 공간을 댄스 연습실 중에서 찾는지 궁금해하는데 댄스 연습실이 모임 공간이 되는 원리는 이렇다. 파티 룸과 비슷한 공간이 짧게(1~2시간) 필요한데 파티 룸은 단시간 대여가 안 되는 곳이 대부분이고, 된다고 해도 상대적으로 비싸기 때문이다. 그러니 댄스 연습실 점주라면 모임 공간으로도 적극 홍보하는 걸 추천한다.

댄스 연습실이 모임 공간으로 더 잘 팔리기 위해서는 접이식 대형 테이블과 의자 여러 개, 회의용 프로젝터, 스크린, 모니터,

화이트보드 등을 구비해 두면 좋다. 또한, 그랜드 피아노나 업라이트 피아노를 비치한 음악 연습실이 잘 없으므로 댄스 연습실에 피아노를 가져다 두고 피아노 연습실로 시간 단위 대여를 한다면 예약 건수가 2배로 늘어나기도 한다.

애초에 방마다 콘셉트를 나누어 구성해도 좋다. 가령 A룸은 댄스 연습실, B룸은 모임 공간 등 다목적실, C룸은 피아노 및 보컬 연습실 등의 식으로 말이다.

시간대별 금액 설정

네이버 예약 시스템, 스페이스클라우드의 예약 시스템에서 시간대별로 대관 비용을 다르게 설정할 수 있다. 예약이 많은 시간대와 그렇지 않은 시간대의 시간당 대관료에 차이를 둬서 좀 더 효율적으로 운용할 수 있는 것이다.

평일 기준 예약이 몰리는 시간대는 보통 늦은 오후 시간부터 저녁 시간대다. 그 외 오전이나 새벽 시간대에는 예약이 많지 않기 때문에 금액을 상대적으로 저렴하게 설정해 두면 각 시간대의 손님을 확보할 수 있다.

가격 차이는 30% 정도가 적정하다. 예를 들어, 기본 금액이 시간당 7,000원인 댄스 연습실의 경우 오전 시간대에는 시간당 5,000원 정도로 설정하는 것이다. 더 나아가서 가장 예약이 없는 새벽 시간대는 50% 할인(시간당 3,500원)을 하는 댄스 연습실들도 있다. 어차피 24시간 열려있는 공간인데 죽는 시간대를 활용하면 점주나 고객이나 서로 좋은 것이다.

다른 업종들, 예를 들어 펜션 같은 경우도 비수기 때 얼마나 저렴해지는지 생각해 보면 같은 맥락에서 댄스 연습실이라고 그렇게 하지 않을 이유가 없다. 시간대별 할인은 어느 업체나 적용할 수 있는 좋은 모객 전략이다.

확장 및 엑시트

댄스 연습실도 1곳을 성공적으로 운영하다 보면 2곳, 3곳까지 늘리고 싶은 마음이 자연스레 생길 수 있다.

기본적으로는 1호점이 있는 위치에서 대중교통이든, 자차든 20분 내외의 거리에서 2호점 자리를 찾기 바란다. 아무리 외주 관리를 통해 운영을 최적화한다고 해도 월 단위, 연 단위 계약인 음악 연습실과는 달리 사장이 직접 매장에 들러야 하는 일이 빈번하게 발생한다. 그러니 1호점에서 가깝거나 그게 아니라면 집 또는 회사에서 가까워야 한다.

댄스 연습실을 주업으로 한다면 3호점 이상까지도 직접 모든 관리를 할 수 있다(그렇다고 해도 일반 직장인에 비하면 시간적으로 여유로울 것이다). 단, 관리 포인트가 배로 늘어나기 때문에 자동 문자 발송 시스템이나 청소 외주를 활용하는 게 좋다고 권고하는 것이고, 남는 시간에는 콘텐츠 개발이나 마케팅 쪽에 더 신경 쓰는 게 좋다.

한편, 댄스 연습실의 권리금 시세는 18~24개월 치의 영업이익 선에서 형성이 된다. 예를 들어, 한 달에 80만 원의 영업이익이 나는 댄스 연습실의 권리금은 1,440~1,920만 원 내외(80만 원×18~24개월)에서 형성되는 것이다.

권리금이 이보다 저렴하다면 그만한 이유가 있을 것이고(시설이 너무 낙후되었다, 건물 월세가 시세 대비 비싸서 경쟁에 취약하다 등), 반대로 이보다 비싸다면 그만큼의 프리미엄을 붙인 이유가 있을 것이다. 만약 운영하는 댄스 연습실을 정리하려고 한다면 이러한 기준에 따라서 적정한 권리금을 제시하면 된다.

시장에 나오는 댄스 연습실 매물을 보다 보면, 가끔 회수 기간 3년(36개월 치 영업이익) 이상의 권리금을 제시하는 곳들을 볼 수가 있다. 인수자 입장에서 그 정도 회수 기간이면 운영이 상대적으로 더 편리한 음악 연습실 등의 다른 아이템으로 눈을 돌리게 된다. 시장은 매우 합리적이라 비싼 매물은 아무리 오랜 시간을 두고 판다고 해도 잘 팔리지 않으니 적정선에서 매각하도록 하자.

*

댄스 연습실은 적은 자본으로 창업이 가능한 아이템인 점, 아직 높은 수익률이 유지되고 있는 점, 무인으로 운영이 가능하다는 점 등에서 여전히 매력적이다.

반면 진입 장벽이 낮아 경쟁이 심한 점은 취약점으로 지적되곤 한다. 그러나 이 책에서 다룬 창업의 원칙들을 지킨다면 경쟁에서 끝까지 살아남을 것이다.

더불어 점주 본인이 직접 댄스 연습실을 소비해야 하는 입장이라면 가장 추천할 만한 창업 아이템이기도 하다. 돈도 벌면서 예약이 없는 시간에는 직접 연습을 하며 공간을 활용할 수 있으니, 시중의 댄스 연습실에 돈을 내고 써보기만 했다면 아주 좋은 창업 경험이 될 것이다. 댄스 연습실 창업을 발판 삼아 더 큰 창업으로, 더 큰 기회로 연결되어 나아갔으면 한다.

7장
셀프 녹음실

셀프 녹음실의 소개, 장단점, 창업 비용, 손익 구조

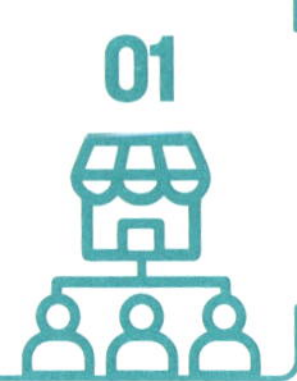

학생 시절 거의 내내 음악을 전공했던 필자는 '녹음실'이라는 곳을 접할 기회가 상대적으로 많았다. 그럼에도 불구하고 녹음실이라는 곳은 늘 불편하고 어색한 공간이었다.

대학생쯤 되니 과제 때문이라도 녹음실을 사용해야 할 일이 점점 더 많아졌는데, 당시 녹음실 대여 비용은 1프로(3시간 30분)에 기본 15~20만 원이었다. 전반적인 물가는 지금보다 한참 저렴했던 시절이었지만 그래도 녹음실은 너무 비쌌다. 그때까지만 해도 녹음실은 '효율화되지 않은 고가의 전문 서비스'였던 것이다.

이후 시간이 지나면서 패러다임 전환과 함께 시장이 급속도로 변화했다. 일단 각종 음향 소프트웨어와 홈 레코딩 장비의 발전, 보급으로 인해 전문 녹음실에 가지 않더라도 충분히 괜찮은 녹음 퀄리티를 낼 수 있게 됐다.

또 하나는 유튜브 등이 활성화되면서 녹음 기술이나 프로그램 사용법이 단기간 광범위하게 유통됐다. 누구나 마음만 먹으면 포토샵의 기본 조작법을 인터넷으로 쉽게 배울 수 있는 것처럼 녹음·편집 프로그램 또한 그렇게 됐다. 기존처럼 녹음실에서 녹음 기사가 붙어있지 않아도 스스로 녹음하고 편집까지 할 수 있게 된 것이다.

거기다 화룡점정으로 비대면 시대를 지내면서 대면 서비스 자체가 불편한 고객이 많아졌다. '셀프 녹음실'이 태동하기 위한 조건이 다 갖춰진 것이었다.

이뿐만 아니다. 동시에 '녹음' 자체에 대한 수요층도 확대됐다. 원래는 전문가들의 영역이었다면 지금은 일반인들도 싱글앨범 발매, 유튜브 업로드, 커버 영상 촬영, 공모전 응모, 축가 녹음, 이벤트 녹음 등 다양한 수요로 녹음이 필요해졌다.

셀프 녹음실보다 먼저 대중화된 셀프 사진관도 처음 이용해 보려면 사용법 등이 다소 생소하게 느껴진다. 그러나 준비된 매뉴얼에 따라 이용해 보면 막상 아주 어렵지 않음을 알게 된다. 익숙해지면 오히려 편안함까지 느낄 수 있는 것처럼 셀프 녹음실 역시 비슷한 개념으로 시장에 어필됐다.

셀프 녹음실은 유사 업종 대비 시간당 단가가 높다는 장점이 있다. 모니터링 헤드폰, 콘덴서 마이크, 오디오 인터페이스 등 장비 대여를 포함해서 시간당 2만 원 내외로 형성되어 있다.

녹음 작업 특성상 기본적으로 2~3시간 단위로 대여하는 경우가 대부분이기 때문에 1건의 예약 단가는 4~6만 원이다. 음악 연습실이나 댄스 연습실의 시간 단위 대여 상품과 비교하면 3~4배 이상 높은 단가다.

반면, 잦은 CS(Customer Service) 문제는 단점이다. 셀프 녹음실에 아무리 상세히 사용 매뉴얼을 준비해 둔다고 해도 비전문가의 시선에 녹음 프로그램이나 음향 장비는 하나하나가 다루기 어렵고 생소하다.

따라서 예약 시간 동안에는 언제든 전화 문의가 올 수 있다. 드문 경우이지만 아주 가끔 장비가 고장 나기도 하고, 이용자가 오디오 소스를 인터넷에서 다운로드받다가 공용 데스크톱(Desktop)이 랜섬웨어 같은 바이러스에 걸리기도 한다.

결론적으로 CS만 잘 처리할 수 있다면 높은 시간당 단가, 적은 창업 비용, 작은 공간에서도 운영 가능 등의 장점들이 더 부각하는 창업 아이템이다.

창업 비용

  셀프 녹음실 역시 댄스 연습실과 마찬가지로 적은 비용으로 창업이 가능한 대표적인 소자본 창업 아이템이다.

  창업비를 최대한 낮추기 위해 임대차 공간에 방음 공사나 인테리어를 거의 하지 않고 영업하는 경우도 있다. 방음 공사를 하지 않고 어떻게 녹음실을 운영할 수 있는지 궁금할 텐데 '방음 부스'라는 제품이 있기에 가능하다.

  이러한 모듈형 방음 부스를 1~2대 구매해서 공간에 적절히 배

방음 부스 외부

방음 부스 내부

치한 후 방음 부스 내부에 녹음 장비를 갖춰 운영하는 것이다. 이렇게 하면 임대차 보증금을 제외하고 1,500만 원 이하의 자본으로도 창업이 가능하다.

- 방음 부스: 1대당 400~500만 원
- 냉난방기(벽걸이, 배관 및 설치비 포함): 1대당 100만 원
- 전기 내선 작업, CCTV 등: 50~200만 원
- 기타 필요한 마감: 50~200만 원
- 녹음 장비(뒤에 나오는 '비치 물품' 참고): 200~500만 원

게다가 녹음 장비나 방음 부스는 중고로 되파는 것도 가능한 만큼 혹시 영업이 생각만큼 잘되지 않는다고 해도 언제든 일부 회수가 가능해서 리스크가 거의 없다.

공간에 큰돈이 들어가는 공사나 인테리어를 하지 않기 때문에 임대차 계약의 원상 복구 문제에서도 자유롭다. 만약 모듈식 방음 부스가 아닌 일반적인 시공 형태로 한다고 해도 셀프 녹음실은 대규모 공간이 필요하지 않아서 10~15평 내외의 공간을 얻어서 시공하면 된다.

시공 면적 자체가 크지 않고, 음악 연습실처럼 방을 최대한 여러 개로 나누는 형태가 아니라서 공사비는 2,000만 원 미만으로 해결할 수 있다. 결론적으로 어떤 방식으로 인테리어를 하든지

간에 1,000만 원에서 2,000만 원 정도의 자본으로도 창업할 수 있다.

손익 구조

단순 계산으로 하루 평균 1건의 예약을 받는 셀프 녹음실의 경우 월 매출은 120~180만 원이다(30일×예약 1건의 단가 4~6만 원). 만약 월세와 공과금 등을 합해 월 70만 원 정도의 고정비가 발생한다고 하면 해당 셀프 녹음실의 순수익은 월 50~110만 원인 셈이다.

댄스 연습실과 마찬가지로 창업 비용 대비 수익률이 높은 편이다(연 30~66% 수준). 후술하겠지만 셀프 녹음과 연계해서 튠(보정)이나 믹싱, 마스터링 서비스를 추가 옵션으로 붙여 판매한다면 대관 외 추가적인 수입을 만들 수도 있다.

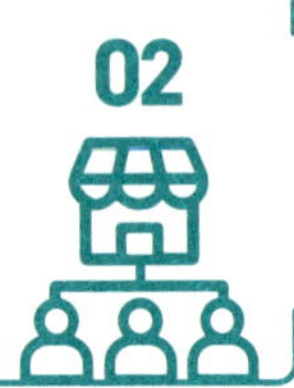

셀프 녹음실이 아무리 정식 녹음실이 아닌 간이 녹음실 개념에 가까운 형태라지만 어쨌든 녹음실인 만큼 최소한의 흡음 기능은 갖춰야 하는 시설이다.

만약 임대차 계약을 한 공간이 해당 층 단독 호실이라 소음으로 인한 문제가 발생할 확률이 낮다면 간단한 흡음재 시공만으로 마감할 수도 있겠지만 보통은 기본적인 방음 공사를 한다.

방음 공사는 앞선 음악 연습실, 댄스 연습실과 마찬가지로 투바이 목재 또는 철제 스터드로 골조를 잡고 충진, 석고, 차음, 흡음 순서로 시공한다.

앞에서 얘기한 것처럼 방음 공사 대신 모듈형 방음 부스를 설치하는 방법을 택할 수도 있다. 셀프 녹음실이라는 환경에 한정해서 본다면 시공 방식이나 부스 방식이나 기능상 차이에 크게

방음 공사 중 마감면 작업 모습

방음 공사 중 마감면 작업 현장

방음 부스를 설치하는 작업 모습

방음 부스를 설치하는 작업 현장

의미는 두지 않아도 된다. 만약 계약한 상가의 공실 마감 상태가 좋고, 그 부분을 살리고자 한다면 방음 부스도 좋은 선택이 될 것이다.

한편 셀프 녹음실은 인테리어 자체보다도 시설에 구비되어 있는 악기, 음향 장비, 소프트웨어가 중요하다고 할 수 있다. 홈 레코딩 장비의 상향 평준화로 인해 어지간한 엔트리급(기본 및 입문용) 장비로도 훌륭한 녹음 소스를 뽑아낼 수 있다곤 하지만 그래도 일반적으로 잘 알려진 레코딩 장비가 선호된다. 다음에 나열된 브랜드의 제품들을 각자 예산에 맞춰서 구비하면 되겠다.

비치 물품

셀프 녹음실의 비치 물품은 다음과 같다.

① 콘덴서 마이크(노이만, 아반톤, 블루, 르윗, AKG 등): 20~200만 원

② 모니터링 스피커(프리소너스, 야마하, 포칼, 제네릭 등): 20~200만 원

③ 모니터링 헤드폰(슈어, 소니, 오디오테크니카, 베이어다이나믹 등): 20~40만 원

④ 오디오 인터페이스(포커스라이트, 오디언트, RME 등): 20~120만 원

⑤ 데스크톱(i5 11세대 이상 기반) 및 모니터: 50~150만 원

⑥ 녹음 프로그램(큐베이스 등): 30~80만 원

⑦ 모니터링 스피커 스탠드 1조: 5~10만 원

⑧ 컴퓨터 책상 또는 작업 테이블: 5~20만 원

⑨ 의자 다수: 개당 1~3만 원

⑩ 실내화 다수: 개당 1~2만 원

⑪ 스마트폰 스탠드: 2~3만 원

⑫ 보면대: 1~3만 원

⑬ 디지털 피아노(필수 아님): 20~100만 원

⑭ 정수기, 냉장고, 전자레인지 등(필수 아님): 20~100만 원

셀프 녹음실 내부

셀프 녹음실의 홍보와 운영

셀프 녹음실 또한 주요한 인입 경로는 '네이버 검색→플레이스' 또는 '스페이스클라우드 내부 검색'이다.

스페이스클라우드에 업체를 등록해 두는 것은 물론이고, 네이버 지도에서 나의 셀프 녹음실이 속한 지역을 찾아 셀프 녹음실을 검색했을 때 상위에 노출되는 게 중요하다. 1부에서 다뤘던 네이버 지도 부분을 참고해서 플레이스 등록을 완벽하게 해두도록 하자. 플레이스 최적화를 잘 해둔다면 시간이 지나면서 점점 내 업체가 상위에 랭크되는 것을 확인하게 될 것이다.

성업 중인 셀프 녹음실들을 분석해보면 공통적인 사항이 하나 발견된다. 기본적인 홍보 방법 외에도 다양한 챌린지, 커버, 공모를 개최하거나 녹음 팁, 홈 레코딩 교육, 장비 리뷰 등 관련 콘텐츠를 지속적으로 발행한다는 것이다.

블로그, 유튜브, 인스타 등 어떤 채널이 되었든 꾸준히 관리할 수 있는 채널에 콘텐츠를 누적시키는 것을 추천한다. 관심사가 비슷한 잠재고객들이 방문하고 내 셀프 녹음실을 기억할 것이다.

#응대 방법

경험적으로 보면 예약자 10명 중 3명 정도는 셀프 녹음실 이용 경험이 있거나 그렇지 않더라도 홈 레코딩을 해본 적이 있어서 녹음 프로그램과 장비를 스스로 사용할 수 있는 예약자다.

반대로 10명 중 7명은 프로그램과 장비를 잘 다루지 못한다. 어쩔 수 없이 연락을 꽤 많이 받게 될 것이다.

셀프 녹음실의 끝 없는 CS(Customer Service)에서 벗어나기 위해서는 사용 매뉴얼을 착실하게, 구체적으로 준비해서 제공해야 한다. 필자가 앞에서 댄스 연습실을 설명할 때 '이런 것까지 알려줘야 한다고?' 싶은 것까지 알려주라고 얘기했다면, 셀프 녹음실은 그것의 최소 2배는 더 알려줘야 한다.

컴퓨터를 켜는 것부터, 아니 그 전에 멀티탭을 켜는 것부터 알려주도록 하자. 미리 준비해 둔 문자나 카톡 안내를 발송하겠지만, 셀프 녹음실 내부 곳곳에도 사용 안내문이나 스티커 등을 부착해 알아보기 쉽게 표시해 두자.

또한, 셀프 녹음실 내에서 공용으로 사용하게 되는 데스크톱의 바이러스 방지를 위해 '녹음 시 사용할 MR 등은 반드시 개인

USB 또는 메일에 준비해 올 것'을 사전에 안내해야 한다(랜섬웨어 문제로 아예 인터넷을 연결하지 않는 곳도 있지만 사용자 입장에서 불편이 많기 때문에 추천하진 않는다).

그리고 가능하다면 셀프 녹음실 사용의 전 과정(프로그램 실행, 녹음 방법, 편집 방법, 출력 방법, 장비 사용법 등)을 간단하게 동영상이나 PDF 자료로 만들어 놓고 예약자에게 미리 보내주는 것을 권장한다. 예약자의 전화나 영상통화를 받게 되는 일이 현저히 줄어들 것이다.

다음은 셀프 녹음실 예약자에게 보내는 안내 문자의 예시다.

[○○ 셀프 녹음실] 예약이 확정되었습니다. 하기 내용을 확인해 주세요.

▶ 다른 예약자분들을 위해 예약 시간 정시 입·퇴실을 준수하여 주시고 종료 5분 전 간단한 정리정돈 부탁드립니다.

▶ 주소

- 서울 마포구 합정동 ○○번지 ○○호

- 도어록 비밀번호 ○○○○

▶ 사용

- 카카오톡으로 녹음실 사용 매뉴얼(영상)을 보내드릴 예정입니다. 원활한 이용을 위해 사용 전 꼭 확인 부탁드립니다.

- 셀프 이용이 어려우신 경우 담당자(010 - ○○○○ - ○○○○)

에게 연락하여 주세요.

▶ 화장실

- 연습실 건물 1.5층에 위치하고 있습니다.

- 도어록 비밀번호 ○○○○

- 외부인의 출입을 방지하기 위해 사용 후 문을 꼭 닫아주세요.

▶ 퇴실

- 냉난방기 전원을 꼭 꺼주세요.

- 입실 시와 마찬가지로 각 장비의 전원과 컴퓨터 전원을 종료하여 주세요.

- 두고 가시는 개인 물품이 없는지 다시 한번 확인해 주세요.

감사합니다. 좋은 하루 되세요.

청소 방법

셀프 녹음실은 댄스 연습실과 달리 앞 타임 사용자의 흔적이 많이 남는다. 사용한 티가 많이 난다는 얘긴데, 예를 들어 스피커나 마이크 배치가 완전히 틀어져 있기도 하고 사용자가 가져온 악보나 가사가 적힌 종이 등이 여기저기 굴러다니기도 한다. 마스터 키보드(미디용 건반)나 책상에 커피가 쏟아져 있을 수도 있다.

가장 좋은 건 한 건의 예약이 끝날 때마다 점주가 직접 들러

청소하는 것이지만 현실적으로 쉽지 않은 경우가 많다. 따라서 예약자에게 발신하는 안내 메시지 내용에 '퇴실 전 간단한 정리 정돈을 요청하는 문구'를 포함해야 한다.

예약이 매일 있는 셀프 녹음실이라면 이틀에 한 번은 들러서 관리 및 점검하는 게 좋다. 프로그램 세팅이나 장비에 이상은 없는지 확인하고, 사용감이 쉽게 누적되는 키보드, 마우스, 팝필터(파열음으로 인해 발생하는 잡음이나 음 왜곡 현상을 줄이기 위해 마이크 앞에 설치하는 스폰지 필터)는 더 신경 써서 관리하고 또 주기적으로 교체하는 걸 추천한다.

셀프 녹음실도 필요에 따라 외주 청소를 맡길 수 있다. 공간이 크지 않아서 15~30분 정도면 청소가 끝나니 1회당 1만 원 정도의 비용으로 구인이 가능하다. 셀프 녹음실의 건당 단가가 평균 4~6만 원인 점을 감안하면 외주 관리를 해도 크게 손해는 아니다. 청소 및 관리 매뉴얼은 다음의 간략한 예시를 참조해서 각 업장 상황에 맞춰 보강 후 활용하기 바란다.

- 서울 마포구 합정동 ○○번지 ○○호
- 도어록 비밀번호 ○○○○

① 테이블, 스피커, 마이크, 헤드폰, 모니터 정위치(하기 '체크인 이미지' 참고)

② PC 및 장비 전원 OFF

③ 건반, 키보드, 마우스, 팝필터 알콜 스프레이 소독

④ 복도 청소

⑤ 쓰레기 배출

⑥ 전자레인지 이물질 제거

⑦ 종이컵 등 비품 채우기(위치: 로비 캐비닛)

※ '체크인 이미지' 첨부

※ 특이사항 및 긴급 연락은 010 - ○○○○ - ○○○○ 번호로
전화 부탁드립니다.

매출 증진 전략과 엑시트

셀프 녹음실과 연계했을 때 잘 팔리는 추가 옵션 상품은 크게 3가지가 있다. 첫 번째는 디렉팅 서비스, 두 번째는 보정 서비스, 세 번째는 믹싱·마스터링 서비스다.

첫 번째 디렉팅 서비스는 사실 말이 디렉팅이지 실질적으로는 녹음 보조 기사 정도의 역할이다(녹음 버튼을 눌러주고, 중지하고, 이어붙이고, 자르고 등의 작업을 해주는 것이다).

대개 컴퓨터, 기계, 프로그램 공포증이 있는 사용자들이 디렉팅 서비스를 신청한다. 즉, '나는 그냥 녹음 후 소스만 가져갈 테니 장비나 프로그램 조작은 전부 대신 해달라'는 니즈다.

이러한 디렉팅 서비스는 시간당 2~3만 원의 추가 비용으로 설정된다. 셀프 이용 대비 2배 이상 단가가 높아지는 것이다.

두 번째 추가 옵션으로 보정(음정, 박자 등) 서비스가 있다. 보정 비용은 작업 길이나 요구사항에 따라 3~10만 원 수준이다.

간단한 보정 작업만 거쳐도 비포(Before)와 애프터(After)는 큰 차이가 나기 때문에 축가 녹음이나 이벤트 녹음, 커버 영상 촬영 등을 목적으로 셀프 녹음실을 대여한 경우 보정 서비스를 추가로 구매할 확률이 높다.

대부분 '나는 보정의 ㅂ자도 모르는데 어떻게 보정을 추가 옵션으로 붙여서 팔라는 것이지?'라는 생각을 할 텐데, 보정 방법은 전혀 몰라도 괜찮다. 요즘은 거의 반자동에 가까울 만큼 편리한 소프트웨어가 너무 많고, 유튜브를 통해 얼마든지 쉽게 배울 수 있다. 실력이 없는데 돈을 받는 게 부담스럽다면 처음에는 보정을 무료로 해주는 것도 훌륭한 방법이다. 셀프 녹음실 홍보에도 큰 도움이 될 것이다.

마지막으로 믹싱·마스터링 서비스가 있다. 믹싱·마스터링이란, 각 녹음 트랙들의 밸런스 조절(볼륨, 좌우 균형 등)부터 공간감 조절(리버브, 딜레이 등), EQ 조절(로우컷, 하이컷 등), 음량 및 음압 조절 등을 말한다. 한마디로 클린한 녹음 소스 위에 예쁘고 멋진 옷을 입히는 작업이다.

예약자가 믹싱·마스터링 서비스를 추가 신청했다고 해서 해당 의뢰를 꼭 점주가 직접 수행할 필요는 없다. 음악인 커뮤니티나 크몽 등의 사이트에 믹싱·마스터링 외주 작업자들이 많이 활동하고 있으니 녹음 트랙 수가 많지 않다는 전제하에 프로젝트당 5~10만 원의 비용을 지불하고 맡길 수 있다. 점주가 유통 마진만 취한다고 하면 외주 비용보다 약간만 높은 금액으로 추가 옵션을 설정하면 된다.

확장 및 엑시트

셀프 녹음실 역시 1호점을 넘어 2호점을 계획한다면 '20분 이내' 원칙 고수를 추천한다. 각 지점을 20분 내외로 이동할 수 없다면 관리 효율이 떨어질 것이다.

2호점을 개시하는 순간부터는 각 지점 PC에 원격 조정 프로그램을 설치해 두고 간단히 처리할 수 있는 프로그램 오류 등의 이슈는 비대면으로 해결할 수 있도록 준비하자.

셀프 녹음실은 책에서 소개하는 창업 아이템들 중에서는 물론이고, 무인 창업 아이템을 통틀어서도 CS 난이도가 단연코 높은 편에 속한다. 따라서 잦은 고객 문의를 부담스럽게 느끼는 타입이라면 셀프 녹음실을 다수 직영점으로 확장하는 건 바람직하지 않다고 본다. 반면, 고객과의 소통을 즐기고, 미디나 레코딩에 취미가 있거나 셀프 녹음실에서 진행할 수 있는 다양한 콘텐츠에 매력을 느낀다면 최선을 다해서 확장해 봐도 좋을 것이다.

녹음실은 여타 업종들과 달리 시장에 형성된 권리금 기준이 없다. 그래서 매물 시세가 상대적으로 들쭉날쭉한 편이다. 인수자 입장에서는 각 매물을 개별적으로 판단할 수밖에 없다.

필자 생각으로는 최근 12개월분의 영업이익을 영업권리금으로 산정하고, 보유 장비들을 중고 시세로 환산해서 시설권리금으로 산정한 다음, 영업권리금과 시설권리금을 더하면 적절할 것 같다.

가령 최근 12개월간 1,000만 원의 영업이익이 발생했고, 보유 장비들의 중고 가격 합계액이 1,000만 원인 셀프 녹음실이라면 총 2,000만 원 정도의 권리금을 기준으로 보는 것이다. 물론 시설 컨디션이나 임대차 조건, 단골 수 등에 따라 프리미엄 또는 마이너스 프리미엄을 적용할 수 있다.

어느 아이템이든 마찬가지지만 양도하는 입장에서는 조금이라도 더 높은 권리금을 받고 싶은 게 당연하고, 반대로 인수하는 입장에서는 권리금이 합리적이기를 바란다(그렇지 않다면 새롭게 창업하거나 권리금 시세가 합리적인 다른 업종을 인수하는 게 낫다고 생각하기 때문이다). 따라서 아주 특수한 경우가 아니고서는 점포 거래에 있어서 '권리금 차익'이란 걸 만들기는 쉽지 않다.

*

셀프 녹음실을 운영하기 위해 반드시 녹음 프로그램이나 장비를 잘 알아야 할 필요는 없다. 심각한 컴맹에 장비의 즈자도 모르는 상태로 시작해서 셀프 녹음실을 2호점까지 운영했던 지인도 있다(필자는 구매해야 하는 기본 장비 외에 따로 알려준 바가 없다).

고객이 셀프 녹음실을 찾아서 온다는 것 자체가 이미 녹음을 셀프로 해야 한다는 걸 감안하고 온다는 것이고, 설령 녹음 결과가 계획대로 잘 나오지 않았다고 해서 점주를 탓하지 않는다.

물론 셀프 녹음실 운영을 위한 최소한의 정도(고객에게 녹음 버튼의 위치와 녹음 파일을 자르는 방법, 저장하는 방법 등을 설명해줄 수 있는 정도)는 유튜브, 블로그 등을 통해 직접 배우고 익혀야 한다. 전문가에게 30분~1시간 정도 레슨을 받아도 된다.

막연히 어렵겠다고 생각하지만 녹음 프로그램도 아주 전문적인 영역이 아니고서는 포토샵의 기본적인 기능을 다루는 정도라고 생각하면 된다. 전혀 어렵지 않으니 누구나 할 수 있다.

셀프 녹음실도 적은 자본으로 시작할 수 있는 소자본 창업 아이템이다 보니 허들이 낮다고 생각할 텐데, 운영을 위해 전문적인 지식을 갖춰야 한다는 선입견이 있는 업종이라 예상외로 진입 장벽이 있다.

필자는 이 부분 때문에 셀프 녹음실을 괜찮게 보는 측면이 있다. 만약 상대적으로 경쟁이 덜한 창업을 원한다면 셀프 녹음실도 괜찮은 선택지가 될 것이다.

8장
파티 룸

파티 룸의 소개, 장단점, 창업 비용, 손익 구조

파티 룸은 오래전부터 다양한 형태로 존재하던 공간 대여 사업 아이템이다. 요즘은 다른 업종들과 마찬가지로 퀄리티가 상향 평준화되어 시설 경쟁력이 있어야만 영업이 잘 되지만, 불과 몇 년 전까지만 해도 대충 공간을 빌려주기만 하면 예약이 들어오던 시절도 있었다(지금도 인테리어 감각이 좋은 사람들은 장사를 접는 가게나 망한 에어비앤비 공간에서 집기를 저렴하게 사 와서 꾸민 후 바로 예약을 받기도 한다).

파티 룸은 코로나 시기를 거치며 모임 장소로 본격 부각했다. 특정 시기 이후에는 파티 룸도 영업 제한으로 인해 큰 피해를 입었는데 초반에는 다른 업종에 비하면 별도의 규제가 없었기에 놀 공간, 모임 공간이 필요한 사람들의 수요를 독차지했다.

이후 집합 금지가 종료되고 코로나가 해제됐지만 여전히 파티 룸을 찾는 사람들은 많다. 파티 룸의 편안함, 재미를 경험해 본 사람들로 인해 전반적인 수요가 이전보다 훨씬 늘어난 것이다.

파티 룸의 세부 종류는 무척 다양한데 생일 파티, 돌잔치, 환갑잔치, 브라이덜 샤워 등을 위한 맞춤 공간부터 단순히 편하게 놀고 마실 공간, 또는 스터디, 동아리 활동, 독서 모임 등 각종 모임 공간으로 활용되기도 하고 유튜브 촬영 장소로 이용되기도 한다. 시장에는 이용자들의 여러 니즈에 맞춰 수많은 콘셉트의 파티 룸이 공급되고 있다.

장점과 단점

파티 룸 역시 소자본 창업에 최적화된 아이템 중 하나다. 어느 정도 인테리어가 되어있거나 냉난방 설비가 갖춰진 공간을 임차한다면 500만 원 내외의 창업 자본으로도 얼마든지 공간을 꾸며서 대관할 수 있다.

또한, 세부적인 파티 룸 콘셉트에 따라 달라질 수 있겠으나 10평 남짓한 크지 않은 공간에서도 파티 룸 운영이 가능하므로 월세 및 고정비 부담이 적다.

적은 창업 비용과 낮은 고정비, 많은 공간 대여 사업이 공통으로 이러한 지향점을 갖고 있다곤 하지만 시설비를 낮추는 건 한계가 있다. 그러나 파티 룸은 특별한 설비가 필요하지 않기 때문에 이 2가지 지향점을 극대화하기가 용이하다는 게 큰 장점이다.

반면 소음 문제에 가장 취약할 수 있다는 점은 단점이다. 연습실 종류는 애초에 방음 공사를 해서 소음 때문에 문제되는 경우가 거의 없지만 파티 룸은 처음에 꼼꼼하게 확인하지 않는다면 소음 민원이 자주 발생할 수 있다. 그렇다고 파티 룸에 따로 방음 공사를 하자니 비용 효율이 떨어진다. 파티 룸의 가장 큰 장점 중 하나를 포기하게 되는 것이다.

따라서 '소음 민원이 발생하지 않을 수 있는 환경을 갖춘 건물'을 찾아야 한다. 가령 주거용 건물들이 따닥따닥 붙어있는 지역이나 옆 호실 또는 위아래 층에 사무실, 스터디 카페, 주거세대 등이 있다면 임차를 피해야 한다(상대적으로 조용한 콘셉트의 파티 룸을 계획한다고 해도 추천하고 싶지 않다).

소음 관련 민원이 한 번 발생하고 나면 쉽게 해결할 수 없다. 문제를 제기한 해당 점유자는 점점 더 소리에 예민해지는 것이 일반적이기 때문이다.

창업 비용

앞에서 언급한 것처럼 파티 룸은 콘셉트가 다양하다. 단순히 기본에 충실한 모임 공간을 창업하겠다고 하면 마감이 깔끔히 되어있고 냉난방기가 갖춰진 공간을 임차하는 것이 베스트다. 이 경우 테이블, 의자, 소파, TV, 주방 집기 등만 갖춰 영업을 개시할 수 있으니 임대차 보증금을 제외하고 500만 원 이하로도 창업이 가능하다. 만약 임대차 시설이 깔끔하지 못해서 철거 또는 인테리어를 하나하나 해야 한다면 전용 면적 10평을 기준으로 도배, 바닥, 주방, 화장실 리모델링 비용으로 1,000만 원 내외 금액이 별도로 소요될 것이다.

개인 창업이 아닌 프랜차이즈 창업의 경우 브랜드마다 갖춰야 하는 최소 시설, 설비가 있다 보니 창업 비용이 높아질 수밖에 없다. 시장에서 어느 정도 인지도가 있는 파티 룸 가맹점을 기준으로 임대차 보증금을 제외하고 2,000~5,000만 원의 자본이 필요하다. 평수나 콘셉트에 따라 시공비가 달라지기 때문에 창업 비용에 편차가 큰 편이다.

손익 구조

파티 룸도 책에서 소개한 다른 아이템들과 마찬가지로 과잉 투자를 지양한다면 수익률이 가장 높은 편에 속하는 무인 창업 아이템이다.

예로 한참 유행하던 브라이덜 샤워용 한강뷰 오피스텔 파티 룸은 개시 3~4개월이면 초기 투자금 회수를 끝냈고, 이후 매달 150~200만 원씩 영업이익을 내는 곳이 많았다(지금은 경쟁이 심해져서 이렇게 단순히 접근해선 안 된다).

파티 룸은 특히 연말에서 연초에 매출이 집중되는데, 연말에는 한 달 영업이익이 500~1,000만 원씩 나오기도 해서 비슷한 파티 룸들을 대거 양산하기도 했다.

그러나 시장은 늘 초과수익을 평균으로 회귀시킨다. 파티 룸 역시 낮은 진입 장벽과 그에 따른 많은 경쟁자의 진입으로 인해 현시점 매출은 좋았을 때와 비교하면 평균 절반 아래로 하락했을 것이다(실제 파티 룸을 운영하는 점주들을 인터뷰해 보니 비슷한 답변을 들을 수 있었다).

다행인 점은 그럼에도 불구하고 여전히 파티 룸 창업이 매력적이라는 사실이다. 과거의 수익률(연 150~250%)이 비정상적으로 높았던 것뿐이다. 현재도 연 40% 이상 고수익을 내는 파티 룸이 많기 때문에 소자본으로 높은 수익률을 목표하는 예비 창업자에게 적합한 아이템이다. 또한, 평상시에는 매출의 상당 부분이 주말에 나오기 때문에 평일에는 사무 공간, 촬영 공간, 작업 공간 등 점주의 개인적인 용도로 사용하기에도 좋은 창업 아이템이다.

인테리어 및 비치 물품

파티 룸의 제일 좋은 인테리어는 '인테리어를 안 하는 인테리어'다. 계속해서 강조하는 바와 같이 공간 대여 사업에서는 창업 비용을 최대한 낮추고 회수 기간을 줄여 놓아야 추후 내 가게 인근에 경쟁점이 많이 생겨나도 부담이 없다. 따라서 되도록 시설비를 들이지 않고 가구, 소품 등으로 공간을 꾸미는 게 점주 입장에서 좋다.

시설비를 들이지 않는 방법에는 여러 가지가 있는데 대표적으로 2가지를 소개하겠다.

첫 번째는 임대인한테 인테리어를 요청하는 것이다. 이전에 사용하던 임차인의 퇴거 상태가 너무 나쁘지만 않다면 도배, 도장, 필름, 바닥, 도기 교체, 입주 청소 중 몇 가지만 선별적으로 시공해도 올수리 비슷한 느낌을 낼 수 있다. 물론 임대인 측에서 협조적으로 인테리어를 지원해 주는 경우는 잘 없지만 오랫동안 공실이었던 건물이거나 어떠한 사정으로 인해 급히 임대를 맞춰야 하는 임대인은 이러한 인테리어 요청뿐만 아니라 렌트 프리 기간에 대한 제안까지도 받아들일 수 있다.

두 번째는 시설권리금이 0원(권리금 없는 매물)이거나 0원까지는 아니더라도 공간에 투자한 시설 및 집기 대비 소액의 권리금(몇백만 원 수준)으로 나온 매물을 인수하는 것이다.

많은 경우에서 권리금이 헐값인 매물은 그만한 이유가 있기 때문에 처음 창업을 하는 예비 창업자들에게 우선 추천하는 방식은 아니다. 특히 권리금이 없거나 낮은 매물은 운영상 고정비 압박을 심하게 받고 있을 확률이 높다. 따라서 해당 매물의 임대차 계약 조건을 확인한 후 주변 월세 시세와 비교해 봐야 한다.

드물게 주변 월세 시세와 비슷하거나 오히려 월세가 저렴한 매물인데도 시설 대비 싼 권리금으로 나오기도 한다. 꾸준히 매물 체크를 한다면 인테리어 비용은 거의 들이지 않고 파티 룸을 창업하는 기회를 잡을 수 있다.

#비치 물품

파티 룸의 비치 물품은 다음과 같다(필요에 따라 선택적으로 구비하면 된다).
① 행거, 옷걸이 다수

② 재활용 쓰레기통 60리터 이상

③ 블루투스 스피커

④ 빔 프로젝터, TV

⑤ 노래방 반주기, 마이크, 스피커

⑥ 데스크톱, 모니터, 컴퓨터 책상

⑦ 대형 테이블

⑧ 의자 다수

⑨ 실내화 다수

⑩ 소파

⑪ 포토존(거울, 조명 등)

⑫ 로봇청소기, 공기청정기, 음식물처리기

⑬ 정수기, 냉장고, 전자레인지

⑭ 주방 집기

⑮ 다트 기계, 당구대, 보드게임 등

파티 룸에 두는 가구, 집기는 아무리 예약자에게 주의를 줘도 파티 룸의 이용 특성상 자주 훼손될 수밖에 없다.

매번 스트레스받으며 보증금을 돌려주네, 마네 하면서 이용자와 싸우기보다는 애초에 잘 망가지지 않는 물품으로 구비해 두는 게 최선이다.

접시나 술잔만 하더라도 곁에서 보면 구분이 어려울 정도로 똑같아 보이지만 던져도 안 깨지는 플라스틱 소재의 것이 많다.

식탁, 의자, 소파, 행거, 옷걸이 등 파티 룸에 둘 모든 것을 구매할 때 '조금이라도 더 예쁜 것' 말고 '조금이라도 더 튼튼한 것'을 기준으로 의사 결정을 한다면 두고두고 후회하지 않을 것이다.

파티 룸의 홍보와 운영

　파티 룸의 대표적인 홍보 채널은 네이버 플레이스, 블로그, 인스타그램 등이다. 책에서 반복적으로 설명한 플레이스 최적화 방법이나 중요성은 다시 언급할 필요가 없을 것이다(업종을 불문하고 가장 먼저 해둬야 한다).

　파티 룸 이용자들은 다른 무인 창업 아이템의 이용자들보다 상대적으로 더 디테일하게 정보, 후기를 찾아보고 비교하며 예약을 한다. 따라서 다양한 사진과 정보를 검색하기에 좋은 블로그 유입을 잡는 것이 중요하다.

　이를 위해서는 블로그 포스팅 작업이 필수적이다. 가령 내 파티 룸이 홍대에 있다면 '홍대 파티 룸'으로 검색했을 때 상단에 노출되는 블로거를 직접 섭외해 포스팅을 요청하는 것도 좋은 방법이다. 파티 룸 이용권의 무상 제공만으로 협의가 이뤄지기도 하지만 대부분 별도의 원고료(5~15만 원 내외)를 지급해야 한다.

파티 룸의 세부 종류에 따라 좀 더 뾰족한 홍보가 가능한 채널에 접근하는 것도 좋다. 예를 들어, 게임 파티 룸 콘셉트라면 게임 관련 카페나 커뮤니티에서 배너 광고를 해볼 수 있다.

인테리어에 강점이 있는 파티 룸이라면 이미지 기반의 SNS인 인스타그램을 활용하자. 이 역시 직접 업로드하며 채널을 관리하기 어렵다면 인스타그램 리뷰 이벤트(인스타그램에 파티 룸 리뷰를 남기면 이용금액 일부를 페이백하는 이벤트 등)를 꾸준히 하는 것을 추천한다.

응대 방법

많은 인원이 사용하는 파티 룸의 특성상 CS 관련해서는 가장 변수가 많고 감정 소모가 클 확률이 높다. 따라서 아주 긴급한 사안이 아닌 한 모든 응대는 기본적으로 문자 등의 텍스트 기반으로 하는 것을 추천한다.

이용 규정이나 자주 묻는 질문 리스트를 미리 만들어두고 예약자에게 PDF, 이미지 자료, 링크 등으로 보내주는 것도 좋은 방법이다.

예약자에게 안내사항을 보낸다고 해서 끝이 아니다. 파티 룸은 보통 다수가 동시에 사용하기 때문에 특정 1인(예약자)에게 이용 규정 등을 전달한다고 해도 잘 이행이 되지 않는다. 대표 예약자가 나머지 사용 인원들에게 하나하나 다 공유를 해주면 좋겠지만 실질적으로 예약자 외 다른 사용자들은 지침을 인지하지 못한 상태에서 공간에 머무는 경우가 대부분이다. 따라서 파티 룸 내부 곳곳에 중요한 안내사항이나 사용설명서를 코팅해서 비치 및 부착해 두는 게 좋다.

또한, 시설과 집기의 보존과 퇴실 전 분리수거, 간단한 정리정돈을 유도하기 위해 예약마다 보증금을 예치해야 한다. 파티 룸마다 다르지만 보통 5~10만 원 사이의 보증금을 받고, 사용 종료 후 1~2일 내 되돌려주는 방식으로 한다.

실제로 훼손, 파손 등의 문제가 발생했을 때 보증금에서 차감할지는 점주마다 관점이 조금씩 다르다. 판단 기준은 사안마다 다르겠지만 필자는 문제가 발생했을 때 대화를 통해서 예약자 스스로 기꺼이 수긍할 수 있는 처리 방안으로 상호 협의하는 게 최선이라고 생각한다. 더불어 예약 확정 시 사전에 마련해 둔 '시설 및 비품 파손에 대한 보상 기준표'를 보내주면 분쟁 발생 시 감정 소모를 조금이라도 줄일 수 있다.

결국 파티 룸 운영 난이도는 점주가 응대 시스템을 어떻게 확립하는지에 따라 쉬울 수도 있고 어려울 수도 있는 것이다. 누가 대신 정해주는 게 아니고, 법으로 정해져 있는 것도 아니다. 점주가 직접 직접 정해야 한다.

처음부터 완벽할 순 없으니 '이용 규정', '시설 및 비품 훼손 시

보상 기준표'를 우선 만들어두고 운영하면서 보강해 나간다.

파티 룸 이용 규정 및 보상 기준표(예시)

① 보증금

- 시설 및 청소 보증금(10만 원) 입금 계좌번호: ○○은행 ○○
○○-○○○○-○○○○

- 보증금은 퇴실 후 1~2영업일 내 점주 또는 관리 매니저가
현장 확인 후 이상 없을 시 전액 환급됩니다.

② 실내 금연 금지

- 흡연 적발 시 즉시 퇴실 조치됩니다(예약금 및 보증금 반환
불가).

③ 반려동물 출입 금지

- 반려동물 출입 적발 시 즉시 퇴실 조치됩니다(예약금 및 보증
금 반환 불가).

④ 취사 금지

- 내부 취사 적발 시 즉시 퇴실 조치됩니다(예약금 및 보증금 반
환 불가).

- 배달음식 및 주류 반입 가능합니다.

⑤ 미성년자 이용 금지

- 미성년자 단독 이용 적발 시 즉시 퇴실 조치됩니다(예약금
및 보증금 반환 불가).

- 주간 패키지 또는 보호자 동반 시 이용 가능합니다.

⑥ CCTV 촬영 동의

- 파티 룸 내 안전사고, 화재 예방을 위해 24시간 CCTV 녹화 중이며 목적 외 이용되지 않습니다.

- 결제 완료 및 예약 확정 시 이용자 전원 CCTV 촬영에 동의한 것으로 간주합니다.

⑦ 주차

- 건물 주차장 이용 시 1일 1대 4시간까지 무료 주차가 가능하며, 이후 유료입니다.

- 평일 19시 이후 및 주말 건물 인근 공영주차장에 무료 주차 가능합니다.

⑧ 추가 옵션(불가피한 사정으로 제공이 불가능할 수 있으니 예약 확정 시 미리 말씀 부탁드립니다)

- 드레스 대여: 10,000원

- 백일상·돌상: 45,000원

- 바베큐 장비: 55,000원

⑨ 퇴실 청소

- 분리수거 및 간단한 정리정돈 꼭 부탁드립니다.

- 미청소 퇴실 시 보증금 중 일부(5만 원)가 반환되지 않습니다.

⑩ 시설 및 비품 훼손 보상 기준

- 옷걸이 파손 및 분실: 1개당 10,000원

- 실내화 파손 및 분실: 1개당 10,000원

- 주방 집기 파손 및 분실: 1개당 10,000원

- TV 및 에어컨 리모컨 파손 및 분실: 1개당 20,000원

- 재활용 쓰레기통 파손 및 분실: 1개당 30,000원

- 테이블 및 의자 파손 및 분실: 1개당 30,000원

- 거울, 조명 파손 및 분실: 1개당 50,000원

- 블루투스 스피커 파손 및 분실: 100,000원

- 빔 프로젝터 파손 및 분실: 300,000원

- 노래방 반주기 파손 및 분실: 300,000원

- 데스크톱 파손 및 분실: 300,000원

- 로봇청소기 파손 및 분실: 300,000원

- 음식물처리기 파손 및 분실: 300,000원

- 마이크 파손 및 분실: 50,000원

- 스피커 파손 및 분실: 50,000원

- 소파 오염: 50,000원

- 벽 오염(낙서 등): 50,000원

⑪ 환불 기준

- 이용 7일 전 총금액의 100% 환불

- 이용 6일 전 총금액의 90% 환불

- 이용 5일 전 총금액의 80% 환불

- 이용 4일 전 환불 불가

- 이용 3일 전 환불 불가

- 이용 2일 전 환불 불가

- 이용 1일 전 환불 불가

- 이용 당일 환불 불가

⑫ 변경 기준

- 예약 확정 후 예약일 변경 일체 불가

청소 방법

점주가 직접 청소를 하기도 하지만 파티 룸 인근에 거주하는 관리 매니저를 구해서 관리하는 경우가 더 많으므로 외주 관리를 기준으로 설명하겠다.

다른 무인 창업 아이템과 비교했을 때 청소 및 관리에서 특이사항이 많은 파티 룸의 특성상 일관된 용역비 기준을 설정하기에는 다소 애매한 면이 있다.

무슨 말이냐면 가령 스터디 카페나 연습실 같은 경우 청소 때마다 별도의 특이사항이 발생하지 않아 'ㅇ회당 얼마' 식의 비교적 심플한 기준으로 용역비를 책정하면 문제가 없는데 파티 룸은 청소 때마다 상황이 다르다. 퇴실 상태가 제각각이라서 그렇다.

예를 들어, 청소가 필요 없을 정도로 깔끔하게 정리가 된 경우가 있는가 하면 각종 쓰레기와 음식물, 깨진 거울 등으로 총체적

난국인 경우가 있다. 각 상황에 따라 용역비를 달리 정해야 한다. 그렇지 않으면 관리 매니저와 서로 기분이 상할 일이 빈번이 생길 것이다.

시장에 형성되어 있는 파티 룸의 청소 및 관리 용역비 시세는 회당 1만 2,000~3만 원이다. 퇴실 상태가 준수한 경우(청소에 30분 내외가 소요되는 경우) 회당 1만 2,000원이고, 상태가 좋지 않은 경우(청소에 60~120분 내외가 소요되는 경우) 회당 3만 원이다. 중간 상태는 협의하기 나름이다. 만약 금요일과 토요일 퇴실 시에만 외주 관리를 활용한다고 하면 한 달에 최대 24만 원의 비용이 소요된다.

평일에도 예약이 잦은 파티 룸은 아예 하루 1~2회 고정적으로 들러서 관리해줄 수 있는 월급제 매니저를 구하기도 한다. 요즘에는 파티 룸 전문 청소업체도 속속 등장하고 있지만, 퇴실과 다음 입실 사이 유연하게 체크인 청소가 되어야 하는 특성상 인근 거주자를 개별적으로 구해서 협의하는 방식이 아직 더 보편적이다.

앞서 설명한 것과 마찬가지로 최초 1회 대면 인수인계 후에는 청소 및 관리 매뉴얼을 담당자에게 제공하도록 하자.

- 서울특별시 은평구 불광동 ○○○번지 ○○○호
- 도어록 비밀번호 ○○○○

① 퇴실 상태 및 특이사항 사진 촬영

② 환기

③ 소파, 쿠션, 러그 먼지 제거

④ 화장실 청소 및 비품 보충

⑤ 싱크대 청소 및 주방 집기 정리

⑥ 냉장고 청소 및 내용물 비우기

⑦ 가구 닦기

⑧ 바닥 청소

⑨ 마대 청소

⑩ 음식물 및 재활용 쓰레기 분리 배출

⑪ 전원 OFF 및 문단속

⑫ 거실 체크인 배치(하기 '체크인 이미지' 참고)

⑬ 점주 사진 전송 및 문단속

※ '체크인 이미지' 첨부

※ 특이사항 및 긴급 연락은 010 - ○○○○ - ○○○○ 번호로
  전화 부탁드립니다.

파티 룸 대부분은 기본 대관 단위가 4시간 또는 5시간이다(시간당 단가는 1~2만 원이다). 아무리 최소 대관 시간이 짧은 파티 룸을 찾아도 3시간 미만인 업체를 찾기는 쉽지 않다.

이러한 형태라면 '시간당 금액이 더 비싸더라도 잠깐만 빌리고 싶은 수요'를 전부 다른 곳으로 뺏기는 구조다. 필자는 파티 룸도 다른 예약제 서비스들과 같이 대관 가능한 최소 시간 단위를 줄인다면 더 다양한 사용자층을 확보할 수 있다고 생각한다.

물론 입·퇴실에 따른 관리 및 청소가 만만치 않은 파티 룸의 특성상 점주 입장에서는 한 번의 체크인이라도 줄이는 게 남는 장사인 건 맞다. 그러나 사용자에게 친화적인 서비스는 쪼갤 수 있는 한 최대치로 쪼개서 제공되는 서비스다(단 1시간 단위로도 자동차를 빌릴 수 있는 쏘카를 생각해 보자).

만약 근거리에서 파티 룸을 직접 관리할 수 있는 점주라면 시간당 단가를 조금 높여서 1~2시간 단위로도 대관해줄 것을 추천한다. 인근 경쟁점들과 확실히 차별되는 요소가 될 것이다.

또한, 파티 룸도 이제 성숙기에 접어든 만큼 별 노력 없이도 예약이 가득 차는 시기는 끝났다고 생각하는 게 좋다. '기념일에 사진 남기기 좋은 공간', '편히 쉴 수 있는 안락한 힐링 공간', '유튜브 촬영하기 좋은 공간', '밤새 게임하고 놀기 좋은 공간' 등 내가 운영하는 파티 룸의 이미지를 명확히 설정해야 한다. 이렇게 설정한 이미지는 고객들에게 각인되어야 한다. 그러기 위해서는 네이버 플레이스, 블로그, 인스타그램, 내부 인테리어, 소품 등을 통해 일관된 콘셉트, 메시지를 어필해야 한다.

다른 공간 대여 사업도 그렇지만 창업자 입장에서 상대적으로 진입 장벽이 낮은 파티 룸은 더욱더 '내 공간에 대한 철학'이 있어야만 오랫동안 경쟁력을 유지할 수 있다. 나부터가 머물고 싶지 않은 공간이라면 남한테도 마찬가지다.

한편, 지역에 따라 파티 룸의 세부적인 콘셉트를 달리 정한다고 해도(겹치는 콘셉트, 인테리어를 최대한 피한다고 해도) 금방 비슷한 업체가 등장할 것이기 때문에 경쟁에서 자유롭지 않다. 결국 경쟁에서 벗어나는 방법은 브랜딩(소비자 마음속에 고유한 이미지와 정체성을 각인시켜 경쟁사와 차별화되고 신뢰받는 브랜드로 자리매김하는 것)이다.

브랜딩이라고 해서 거창할 필요는 없다. 파티 룸 사용자들에게 어떤 가치, 어떤 경험을 제공하고 싶은지, 내가 어떤 생각을 갖고 이 파티 룸을 운영하고 있는지 블로그에 써보는 것부터 시작하자. 별 것 아닌 기록들이 쌓이면 그게 곧 정체성이 되고 브랜딩이 된다고 믿는다.

확장 및 엑시트

파티 룸 1호점을 성공시킨 후 2호점을 추가 오픈하려고 한다면 아마도 관리 체계가 어느 정도 잘 갖춰져서 원격 운영에 대한 자신감이 붙은 상태일 것이다(여전히 불시에 매장에 가야 할 일이 많다면 아직은 1호점 최적화에 더 신경 쓰는 걸 추천한다).

이미 전체 과정을 한 번 해보았기 때문에 임대차 목적물을 비교하고 선정하는 일부터 계약, 인테리어, 소품 및 집기 구비, 홍보 모두 훨씬 수월하게 진행할 수 있다(이후 3호점 오픈은 2호점 오픈 때보다도 더 수월해진다). 또, 1호점을 창업 및 운영하는 과정에서 파티 룸 이용 규정, 매니저 청소 매뉴얼 등을 만들어뒀을 테니 2호점, 3호점 역시 연계해서 활용하면 된다.

만약 파티 룸 직영점을 3호점 이상으로 확장했다면 한 번 온 사용자가 한 번이라도 더 재방문할 수 있도록 각 지점을 연계 운용하기 위한 노력을 하면 좋다. 예를 들어, 1호점, 2호점, 3호점 등 모든 지점에서 활용할 수 있는 쿠폰을 제공하는 것이다. 지점 관계없이 누적 5회 이용의 경우 1회 무료 이용권을 제공하거나 해당 일정에 예약 마감이 되지 않았다는 전제로 페널티(Penalty) 없이 예약한 1호점에서 2호점으로 변경해 주는 쿠폰이면 효과적일 것이다. 가맹점끼리는 이러한 운영이 현실적으로 어렵겠지만 규모가 크지 않은 개인 창업에서는 얼마든지 가능한 전략이다.

이제 파티 룸의 권리금을 알아보자. 원고 작성을 마무리하고 있는 2025년 하반기 현재, 장사가 잘 되는 편에 속하는 파티 룸을 기준으로 한 권리금 시세는 18개월분 영업이익이다(장사가 잘 되는 편에 속하려면 월평균 영업이익이 150만 원 이상이어야 한다).

예를 들어, 최근 1년 정도의 영업 실적을 봤을 때 한 달 평균 180만 원의 영업이익이 발생하는 파티 룸의 권리금은 3,240만 원 정도로 책정되는 것이다.

반면, 장사가 잘되지 않는 편에 속하거나(월평균 영업이익 50만 원 이하) 더 심한 상태로 존폐위기에 있는(고정비를 겨우 내고 있거나 적자 상태) 파티 룸이라면 딱히 정해진 권리금 시세가 없다. 시설 컨디션에 따라, 건물 월세에 따라 100만 원 이하의 권리금으로 나오는 매물도 있고 500만 원 정도의 권리금으로 나오는 매물도 있다.

우리의 목표는 간단하다. 성업하는 파티 룸을 창업해서 운영하는 동안 현금(흐름)도 챙기고, 또 추후 희망하는 엑시트 시점에 18개월분 영업이익 이상의 권리금으로 양도하는 것이다.

평소 방을 꾸미는 데 관심이 많거나 배치, 디지인을 주기적으로 바꾸는 것을 즐긴다면 공간 대여 사업 중 파티 룸과 잘 맞을 확률이 높다. 반대로 얘기하면, 공간을 디자인하고 기획하는 데 흥미가 없다면 업을 오랫동안 지속하긴 힘들 수도 있다.

지역마다 특성이 다르므로 인기가 있는 파티 룸 인테리어, 콘셉트가 다를 수 있다. 또, 시기마다 달라질 수도 있다. 그래서 '잘 나가는 파티 룸'에 대해 일반화하는 건 어렵다. 그럼에도 불구하고 지역과 시기를 타지 않는 파티 룸계의 스테디셀러를 꼽아보자면 '큰 거실 공간이 확보된 파티 룸'이라고 할 수 있다.

파티 룸 사용자들은 윗집, 아랫집, 옆집 등을 신경 쓰지 않고 여럿이 모여서 시끄럽게 놀 수 있는 장소를 원한다(평상시 못하는 것에 대한 니즈라고 할 수 있다). 더불어 큰 거실 공간 외에도 내부 방 한 칸을 PC방처럼 꾸민다든지, 노래방 시설로 꾸며 특정 놀이 콘텐츠를 함께 제공하면 더욱 선호되는 파티 룸이 되고, 여기에 야외 테라스 공간까지 있다면 금상첨화다.

파티 룸이 궁극적인 창업 목표가 아니어도 좋다. 파티 룸 창업을 통해 각자가 머릿속에서 꿈꾸는 공간, 서비스를 현실화하고, 그것이 시장에서 어떤 평가를 받는지 상호작용하며 얻는 부분이 상당히 많을 것이다. 이를 기반으로 하면 어떤 아이템의 창업도 성공적으로 해낼 수 있다.

다음은 서울 도심 지역에서 파티 룸을 운영하고 있는 30대 점주를 인터뷰한 내용이다. 파티 룸 창업을 계획하고 있다면 참고해 보기 바란다.

Q 어떤 계기로, 언제 파티 룸 창업을 하게 되었는지?

A 프리랜서이다 보니 수입이 들쭉날쭉한 편이다. 추가적인 파이프라인을 만들고 싶어서 이것저것 찾아보다가 비교적 소자본 창업이 가능한 파티 룸으로 결정했다. 창업한 지는 이제 2년 정도 됐다.

Q 독자들이 가장 궁금해할 만한 것부터 묻겠다. 창업 비용은 얼마가 들었고, 수입은 얼마나 되나?

A 계약한 건물이 오래된 구축 건물이다(상태가 좋지 않아 보였다). 전기, 조명, 도배, 마루, 냉난방기, 주방, 화장실 리모델링 등의 인테리어 비용과 가구, 집기 비용으로 총 2,000만 원이 조금 안 되게 들었다. 수입은 비용을 제외한 순수익 기준으로 비수기 때는 월 50~100만 원, 성수기 때는 월 300~600만 원 수준이고 월평균 150만 원 정도다.

Q 그 정도면 장사가 잘 되는 파티 룸에 속하지 않나? 비결이 무엇인가?

A 이보다 훨씬 많이 버는 파티 룸도 있는데 개인적으론 만족하고 있다. 일단 네이버 검색 페이지에서 상위에 노출될 수 있도록 해야 하고, 기본적으로 고정비는 낮아야 한다. 고정비가 높으면 매출 중 상당 비율이 고정비를 충당하는 데 들어가기 때문에 운영에 있어서 여유가 없고 심리적 압

박이 상당할 것이다.

Q 일단 건물 월세가 낮으면 필승인 건가?

A 그렇진 않다. 중요한 조건 중 하나라는 것이지 월세만 낮다고 다 성공할 순 없을 것이다. 시세 대비 월세가 저렴한 와중에 접근성이 좋다든지, 주차가 편하다든지, 소음 문제가 없다든지, 인테리어 비용을 거의 안 들일 수 있는 상태라든지, 옥상을 단독으로 사용할 수 있다든지 등 무언가 파티 룸 운영에 강점이 되는 추가적인 메리트가 결합해야 한다.

현재 서울 및 수도권 주요 지역에서 앞에서 말한 모든 조건을 다 갖춘 매물을 찾으려고 하면 몇 년이 걸려도 못 찾을 것이다. 적당히 갖춘 매물 중에서 골라야 한다.

Q 운영상 어려움은 없는지?

A 생각보다 외주 관리가 활성화되어 있어서 합이 잘 맞는 관리 매니저만 구하면 실무상 어려움은 딱히 없다. 다만 20명 중 1명꼴로 있는 강성 고객(진상)을 응대하는 건 운영 3년 차에 접어든 현재도 여전히 쉽지 않다. 경험상 아무리 논리적으로 반박해도 고객의 화를 더 키우기만 하는 것 같다. 그러니 그냥 '내가 틀렸을 수도 있다'라고 생각하고 고객의 불만 사항을 경청한 후 사전에 고지한 기준에 따라 환불 또는 보상하는 게 최선이다. 절대 감정적으로 대응하지 말라고 알려주고 싶다.

Q 파티 룸을 추가로 확장할 계획이 있는지?

A 정말 좋은 공실 매물(앞에서 언급한 조건 중 여러 가지 조건이 부합하는 매물)을 찾는다면 2호점까지는 확장할 생각이 있다. 본업으로 파티 룸을 운영하고 있는 건 아니기 때문에 그 이상으로 일을 벌일 생각은 없다.

Q 마지막으로 파티 룸 창업을 계획하고 있는 이들에게 한마디 해준다면?

A 파티 룸이 무인 창업 종류 중 하나로 많이 언급되는 아이템이긴 하지만 시스템을 아주 잘 갖추지 않는 이상 머릿속으로 생각하는 무인 창업이 아닐 수 있다. 그러니 단순히 편하게 돈을 벌고 싶어서, 또는 여기저기서 잘된다고 하니까 마냥 쉽게 생각하고 창업을 하진 않았으면 좋겠다.

남들이 쉽게 생각하는 만큼 더 깊이 있게 파고든다면 분명히 경쟁력을 갖출 수 있을 것이다. 어차피 한 번에 큰돈을 버는 성질의 사업은 아니지 않나? 차분히 실행해서 꼭 든든한 파이프라인을 갖길 바란다.

더 나은 삶을 영위하기 위한 시작

먼저 책을 읽어주신 독자분께 감사드린다. 어떤 상황에서 이 책을 집어 들었는지 그 마음 하나하나를 전부 다 이해하긴 어렵겠지만 '절실하게 더 나은 삶을 찾아 헤매는 심정'은 누구보다 잘 안다고 자부할 수 있다.

서두에서 밝힌 대로 한정된 인생의 시간 속에 '진짜 내 의지대로 시간을 써보기 위한 방법'을 애타게 찾아 헤맸다. 각종 미디어에서 예찬하는 그놈의 경제적 자유가 뭔지 한 스푼만이라도 맛보고 싶었다. 목적지로 가는 여러 길 중에서 필자가 선택한 길은 무인 창업이다. 여러분도 이에 어느 정도는 동의했기에 이 책을 끝까지 봤으리라 생각한다.

건물이 없어도, 수십억 원의 금융자산이 없어도 소자본의 창업 시스템으로도 충분히 남에게 이끌리지 않는 삶을 살 수 있다. 시간을 온전히 내가 원하는 대로 사용할 수 있다. 사회가 인정하는 부자까지는 못되더라도 적어도 '싫어하는 일을 억지로 하는 사람'은 안 될 수 있다.

책에서 소개한 원칙들을 고수하며 창업하고 사업을 확장해 나간다면 2~3년 뒤에는 필자보다도 특정 영역에서 훨씬 고수가 되어있을 것이다. 그렇게 되면 꼭 여러분의 이야기를 들려주기를 바란다(그런 상상을 하고 있으면 이 책을 쓴 보람을 이미 다 느낀 것처럼 충만하다).

인간의 DNA는 기본적으로 새로운 시도, 모험을 싫어한다. 호모(Homo) 속의 역사가 약 200만 년, 사피엔스(Sapiens)종의 역사가 약 30만 년, 그 기간 내내 우리는 수렵·채집인이었다. 우리 유전자는 거기에 맞춰져 있다.

그러나 지금은 그때와 다르다. 정해진 길에서 정해진 방법으로 사냥을 하지 않으면 목숨이 위태로웠던 때와는 달리 현대사회는 오히려 정해진 길에서 같은 방법만 고수하면 위험하고, 그렇다고 가만히 있으면 더 위험한 시대다.

가면 갈수록 '이제는 진짜 끝물'이라는 말이 나오겠지만 흔들리지 마라. 사람들 대부분은 인간의 본능에 따라 새로운 시도나 창업을 하지 않기 때문에 실제로 도전을 하고 창업을 해내는 쪽은 극소수다. 독자 여러분은 그 극소수 중에서도 성공하기 위해 책을 읽는 '극소수 중의 극소수'이지 않은가! 그러니 반드시 성공할 수 있다, '더 나은 삶'을 영위할 수 있다. 철저히 준비해서 과감히 도전했으면 한다.

*

한 해 동안 집중해서 집필한 원고가 완성되니 감회가 새롭다. 이 책이 세상에 나올 수 있도록 모든 부분에서 이끌어 준 삼인 출판사에 감사드린다. 더불어 일에 집중할 수 있도록 늘 전폭적인 지지를 보내주시는 장인어른, 장모님, 처형 외 가족·친지분들께 감사드린다. 마지막으로 언제나 이 부족한 사람을 살아있게 하고, 새로운 도전의 원동력이 되어주는 동반자 아내와 귀여운 아들에게 무한한 감사와 사랑한다는 말을 남긴다.